新时代江西农业发展智汇

XINSHIDAI JIANGXI NONGYE FAZHAN ZHIHUI

——江西农科智库成果选编（2018—2021年）

主　编　池泽新

副主编　吴昌华　卢慧

中国农业出版社

北　京

《新时代江西农业发展智汇》

——江西农科智库成果选编（2018—2021年）

编　委　会

FOREWORD 前言

党的十八大以来，习近平总书记高度重视我国智库建设，强调“要建设一批国家亟需、特色鲜明、制度创新、引领发展的高端智库，重点围绕国家重大战略需求开展前瞻性、针对性、储备性政策研究”，为中国特色新型智库建设提供了根本遵循。2015年1月，中共中央办公厅、国务院办公厅印发了《关于加强中国特色新型智库建设的意见》，明确要求统筹推进党政部门、社科院、党校行政学院、高校、军队、科研院所和企业、社会智库协调发展，形成定位明晰、特色鲜明、规模适度、布局合理的中国特色新型智库体系。随后，江西省出台了《关于加强江西特色新型智库建设的意见》。

江西省农业科学院作为江西省人民政府直属的科研机构，认真学习贯彻习近平总书记关于中国特色新型智库建设的重要论述，深入落实习近平总书记视察江西重要讲话精神和中共江西省委、江西省人民政府关于江西特色新型智库建设的意见要求，立足新发展阶段，贯彻新发展理念，服务高质量发展，围绕加快农业强省建设这个主题，多年来，组织科研团队，深入调研脱贫攻坚、农业科技创新、农业供给侧结构性改革、粮食生产、耕地保护、特色产业发展、疫情防控与农业稳产保供等方面的工作情况，并通过经批准主办的《农科智库要参》或单位《专报》及时报送省委、省人大、省政府、省政协领导同志和省直有关部门及设区市主要领导，累计已有30多篇，其中大部分获得了分管省领导的肯定性批示，有的还获得了省委、省政府主要领导的肯定性批示。调研报告所提出的对策建议，有的已经被政府部门采用。

为了总结、梳理阶段性成果，并为今后的智库研究提供参考和激励，我们将30多篇调研报告汇编形成《新时代江西农业发展智汇——江西农科智库成果选编（2018—2021年）》。本书共分为五个部分。第一部分保障粮食安全，聚焦粮食产业现状和发展趋势，调研保障粮食安全的应对之策；第二部分保障重要农产品供给，针对保障江西蔬菜、生猪、油菜、食用菌等重要农产品有效供给献言献策；第三部分农业创新发展，侧重调研科技赋能农业生产、科技助力乡村振兴的实现路径；第四部分农业绿色发展，重点探索具有江西特色的绿色兴农、绿色富农、绿色强农之路；第五部分农业应急管理，主要调研新冠肺炎疫情对农业生产的影响及对策。

本书由长期从事农业经济管理、作物遗传育种、耕作栽培、植物保护、土壤肥料、资源环境、农业微生物、畜牧兽医、工程装备、农产品质量安全及储藏加工等领域科研工作者共同研究编撰，是集体智慧的结晶。本书在编撰过程中，得到了许多专家学者、机构部门的支持和协助。本书的出版得到国家自然科学基金委员会的项目资助和中国农业出版社的大力支持。在此，一并表示衷心感谢。由于编撰时间比较紧，不妥之处在所难免，敬请读者批评指正。

编　者

2022年4月9日

CONTENTS 目 录

第三部分 农业创新发展

第四部分 农业绿色发展

第五部分 农业应急管理

第一部分 保障粮食安全

推进高标准农田建设的“江西方案”

2019年中央1号文件提出“到2020年确保要建成8亿亩*、力争建成10亿亩生态友好、集中连片、稳产高产、旱涝保收的高标准农田”。习近平总书记2016年和2019年先后两次视察江西，嘱托江西“要夯实粮食生产基础，发挥粮食生产优势，巩固粮食主产省地位”。江西省委、省政府始终牢记习近平总书记的重要指示，自2017年启动新一轮高标准农田建设，探索出一套卓有成效的“江西方案”，概括起来为“五个一”。

第一，强化“三变”、“三统一”，形成全省“一盘棋”。一是项目管理变各自为战为统一指挥。组建“省级政府＋地方政府”上下联动、高效执行的组织模式，形成了省市县乡村五级联动、多部门通力协作的工作格局。二是项目资金变多头管理为统一管理。建立了“省级统筹整合、县级集中使用”的农田建设资金管理新机制，将发改、财政、国土、水利、农业等部门管理的“五大类”农田建设资金，集中由省里统一管理分配，做到“多个渠道引水、一个池子蓄水、一个龙头放水”；建设资金不足部分引导金融资金和新型经营主体等投融资，2019年在全国首次发行乡村振兴（高标准农田建设）专项债券，弥补资金缺口。三是项目建设变多重标准为统一标准。制定了江西省统一的高标准农田建设规范，明确了土地平整、土壤改良、灌溉与排水、田间道路、农田防护和生态环境保持、农田输配电等“六大工程”建设标准，将亩均投入标准由以前的1 200元左右提高到3 000元。

第二，坚持规划引领，“一张蓝图”绘到底。一是坚持规划管总。根据江西省总体规划，以县为单位，按照新建为主、区域推进的原则，统一划定

---

* 1亩＝1/15公顷。

建设区域，将2 825万亩新建指标落实到县。二是坚持分年推进。围绕年度290万亩建设任务，将建设任务分解到乡、村、组、田块。三是坚持连片打造。打破区域阻隔，集中力量、连片实施，整乡整村推进高标农田建设。四是突出建设重点。优先在“三线两区”（高速公路、铁路、国省道及粮食生产功能区和贫困地区）安排项目。五是强化耕地保护。按照“少硬化、不填塘、慎砍树、禁挖山”要求，充分挖掘和利用项目区内非耕地、荒芜园地、废弃地等资源，提高项目新增耕地率。六是注重工程建后管护。重点引导以利用促管护，建立“县负总责、乡镇监管、村为主体”的管护机制，做到“五个明确”：明确乡镇政府是监管主体，流转经营户和村委会为实施主体；明确建成并已上图入库的高标准农田全部纳入管护范围；明确管护人员的工作职责和管护事项；明确由县级政府在年度财政预算中安排建后管护经费，并多渠道筹措建后管护资金；明确将建后管护列入农田建设考核重要内容。七是保障农民权益。坚持依法自愿有偿原则，确保流转土地农民的惠农补贴不缩水，维护农民承包经营权。

第三，狠抓关键环节，“一把标尺”严把关。在工程质量上，围绕“田成方、渠相通、路相连、旱能灌、涝能排”建设要求，坚持”一把标尺”严把关。一是严把设计关。项目区各施工内容，均由专业技术人员负责勘测、设计等，规划设计实行“三进三出”：一进片区，绘制出现状图；二进片区，制定出施工图；三进片区，村组、农户签字确认。二是严把招标关。项目设计、施工监理等严格执行基本建设项目法人制、招投标制、监理制、合同制等制度。三是严把施工关。落实县牵头部门为一级法人、乡（镇）为二级法人的双重管理制度，高标准农田办、乡镇定期调度督导，聘请村组义务监督员同步监督；监理单位分标段派驻人员，对施工过程开展旁站式监理。四是严把进度关。坚持定期调度，即时排位，全省通报，对发现的进度问题，成员单位和厅挂点处长深入市县督导整改。五是严把验收关。变部门验收为统一验收。落实县级主体责任，实行项目到县、资金到县、责任到县。由省领导小组统一组织绩效考评，并引入第三方机构对项目建设进行评估验收。制定了《验收工作细则》，对不合格项目纳入“问题清单”。

第四，提升治理能力，完善“一套制度”。一是建立了项目管理规范化体系。制定出台了高标准农田建设“1+15”政策体系。二是建立了督查常态化体系。构建了“定期调度、对接督导、挂点督查”三项常态化监督机制，由省高标准农田办每周定期调度各地进展情况，11 个省领导小组成员单位分别对接督导 11 个设区市，省农业农村厅安排百名处长挂点督查 96 个项目县，及时掌握各地项目建设进度和质量情况。三是建立了科学的考核体系。制定《江西省高标准农田建设绩效考评办法》，实行“县级自验自评、市级全面验收、省级绩效考评”三级考核办法，建立“奖优罚劣”绩效考评激励机制。

第五，探索多种模式，实现高效利用“一个目标”。在确保粮食产能的基础上，涌现了多种产业发展新模式，加速了土地流转和农业产业结构调整优化，高标准农田得到高效利用。一是“高标准农田+企业+特色产业基地/示范园区+农户”模式。余干县 2017 年在该县现代农业示范园区内建设高标准农田 2.1 万亩，创建标准化生产基地，打造生态有机产品。2017 年，投资建设了全国最大规模的以芡实加工为主的余干芡实产业园，同步打造中国芡实生态养生庄园，实现三产融合发展。二是“高标准农田+土地流转+适度规模经营”模式。鄱阳县在推进高标准农田建设过程中，创新土地流转机制，组建村级股份制合作社，采取土地入股的办法，通过整村土地流转，实现土地变资产，资金变股金，农民变股东，用于规模种植设施蔬菜、瓜果、食用菌等高效经济作物，拓宽农民增收渠道。鹰潭市余江区采取“先流转先建设，边流转边建设，建成后快流转”高标准农田建设思路，土地流转加速的同时，新型经营主体发展加快，仅 2018 年依托高标准农田建设平台，新增种粮大户、专业合作社、农业龙头企业等新型经营主体 25 家。三是“高标准农田建设+龙头企业+脱贫攻坚+农户”模式。于都县高标准农田建设项目区贫困户以产业扶贫贷款入股村级合作社，村级合作社将股金投入县级合作联社，县级合作联社再将股金入股山东鲁盛集团在该县注册的蔬菜企业，股本由公司负责偿还，贫困户每年按股本的 8%获得固定分红，已吸纳当地 70%的贫困户 1 700 多户入股，每户股金 3 万元，每户每年可获得分红收入 2 400 元。在高标准农田建设实施中，政府还要求项目施工单位多使用有劳动能力的贫困户劳力，项目区内的贫困户因此不仅可以获得分红，还可以获得务工收入。

课题组主要成员：

池泽新　江西省农业科学院党委书记、教授

余艳锋　江西省农业科学院农业经济与信息研究所副研究员

彭柳林　江西省农业科学院农业经济与信息研究所助理研究员

付江凡　江西省农业科学院农业经济与信息研究所所长、研究员

曹　瑛　江西省农业科学院土壤肥料与资源环境研究所助理实验师

王长松　江西省农业科学院农业经济与信息研究所研究实习员

周海波　江西省农业科学院农业经济与信息研究所副研究员

余永琦　江西省农业科学院农业经济与信息研究所研究实习员

江西省水稻产业绿色发展面临的若干问题与对策建议*

近年来，江西省粮食生产结构不断优化，科技水平不断提高，生产能力建设进一步强化，“藏粮于地、藏粮于技”发展战略真正落实落地，未来有望继续发挥江西省粮食生产优势，巩固粮食主产区地位的良好局面。粮食持续稳定发展，成为深化农业农村改革和社会稳定的压舱石，为应对外部不利因素和确保全国粮食“16 连年丰”贡献了江西力量。同时，也应该看到，在 2019 年江西粮食生产再获丰收的背景下，面临复杂的内外环境，未来保持江西省粮食稳定丰收的压力进一步加大，需要以习近平新时代中国特色社会主义思想为指导，坚决贯彻落实习近平总书记视察江西时指出的“要推进农业农村现代化，夯实粮食生产基础，坚持质量兴农、绿色兴农，不断提高农业综合效益和竞争力”精神以及 2020 年中央 1 号文件要求，以政策创新和科技创新为动力，发展资源节约、环境友好型绿色水稻，实现稳产增收、提质增效，坚定不移地筑牢“中国饭碗”的底座。本文针对江西省水稻产业绿色发展面临的若干问题，提出对策建议。

一、基层紧抓粮食生产的弦有所松动

2015 年成为江西省粮食种植面积和产量增减的分水岭。纵观江西省粮食生产历史，2015 年江西省粮食播种面积 5 722.38 万亩（稻谷 5 311.95 万亩），粮食产量 2 235.61 万吨（稻谷 2 157.16 万吨），为历史最高水平。之后，粮食播种面积连年缩减。2018 年全省粮食播种面积下调至 5 582 万亩（稻谷 5 154.3 万亩），粮食产量下调至 2 190.7 万吨（稻谷 2 092.2 万吨），比 2015 年分别减少 140.39 万亩、44.91 万吨，降幅分别为 2.45%、

* 本文于 2020 年 3 月 20 日获时任副省长肯定性批示。

2.01%。这一方面反映了近些年高标准农田建设的成效，尽管粮食播种面积下降了2.45%，但粮食产量只下降了2.01%；另一方面，也可能反映出基层在农业供给侧结构性改革中紧抓粮食生产的弦有所松动。

建议：牢牢抓住粮食生产主动权不放松，让粮食生产插上科技翅膀。

“中国人要把饭碗端在自己手里，而且要装自己的粮食!”党的十八大以来，习近平总书记高度重视粮食问题，提出了新时期国家粮食安全的新战略，提出粮食生产的主动权要牢牢抓在自己手上，这是今后指导我们粮食生产的重大战略思想。江西省作为粮食主产区，粮食总产基本维持在420亿斤*水平，人均粮食占有量为470千克左右，与我国人均粮食占有量保持一致。但江西作为从未间断商品粮输出的主产区，粮食供给需要满足省内需求且对外作出贡献，实际上粮食供应仍处于“紧平衡”状态，如果对粮食生产稍有松懈，这种“紧平衡”状态很容易被打破。“要推进农业农村现代化，夯实粮食生产基础”，持续深入实施“藏粮于地、藏粮于技”战略，推进高标准农田建设，提高粮食产能。在此前提下，基层在深化农业供给侧结构性改革过程中要正确处理“稳粮”、“优供”、“增效”三者的关系以及这三者与当前和今后一段时间“稳猪”、“稳渔”的关系，始终保持清醒头脑，克服盲目乐观情绪，抓住粮食生产主动权，全面贯彻落实粮食安全省（市县区）长责任制，压实责任考核，以科技进步为抓手，让粮食生产插上科技的翅膀，增加粮食生产的稳定性、可控性，坚定不移地筑牢“中国饭碗”的底座。

二、短期粮食市场调节趋向不利国家粮食宏观目标

一是市场供应宽松，稻谷价格呈现弱势运行。当前我国粮食市场趋向扭曲，陷入价格“天花板”和成本“地板”的“夹压”中，受WTO“黄箱”政策制约，国内稻谷最低收购价逐步降低，稻谷市场收购价与国家公布的最低收购价持平，粮农收益下降明显。尤其是近2年，国家去库存加速，各类政策性粮食持续加量投放市场，江西省市场上低价粮供应过剩，粮价短期内将持续低迷，2019年江西省早籼稻收购价相较于2016年同期下降10%以上。二是售粮渠道不畅，当季稻谷滞销或低价出售。在供给宽松和粮价持续

* 1斤=500克。

走低情况下，粮企仓储加工和销售能力有限，而最低收购价启动时间年年推迟，整个购销渠道不畅，导致江西省种粮大户当季稻谷出现滞销或低价销售，而小农售粮更为困难。据调查，2018 年、2019 年樟树多数粮农当季晚稻在收获期未能销售出去，不少打包晒干后待年后降价出售。三是效益难保，粮农种植意愿下降。当前，稻谷最低收购价接连较大幅度下调，农资价格全面上涨，加上农业气候变化的影响，水稻规模种植效益下降明显，加剧种植面积缩减或“双改单”，甚至抛荒。对 2019 年江西某粮农早稻种植成本收益进行核算，按平均亩产湿谷 800 斤算（2019 年早稻生长和收获期均遭遇强降雨，出现部分倒伏和发芽严重情况，产量大幅下降），亩收入 800×0.7 元＝560 元；亩支出合计 525 元：犁田 100 元、种子秧盘 60 元、收割 100 元、农药 55 元、化肥 100 元、除草剂 10 元、抛秧 100 元。如果加上农田水费，以及农民自身无偿劳动在内，种田一分钱不赚甚至亏损，套句农民自己的话“今年连自己吃饭的米都没赚回来”。

建议：完善基础设施，调整种植结构，构筑补贴、保险与贷款“三位一体”的生产支持体系。

一是构建高标准农田建设新模式。结合优质稻米产业发展工程，吸引新型经营主体和农业龙头企业投入高标准农田建设，优先支持在高标准农田上种植优质稻，确保粮食总产稳定的基础上，探索形成“高标准农田建设＋企业＋特色产业基地/示范园区＋农户”、“高标准农田＋土地流转＋适度规模经营”、“高标准农田建设＋稻渔综合种养产业＋脱贫攻坚＋农户”等三产融合新模式。二是调整种植结构，提高复种指数。在耕地面积不可逆转情况下，利用充足的温光资源优势，提高土地利用率，调减普通稻种植面积，适度恢复优质双季稻种植，提高耕地复种指数，避免大范围“双改单”或耕地撂荒半撂荒现象，提高水稻综合生产能力。三是在短期内继续稳定粮食最低收购价政策基础上，逐步实施粮食价补分离政策，构筑补贴、保险与贷款“三位一体”的生产支持体系。从保险补贴隐性化着手，根据种植大户的需求，加大保险保费补贴，确保补贴与直接生产者挂钩，有效规避 WTO“黄箱”规则约束。调整保费补贴分摊办法，进一步提高产粮大县保费补贴标准，取消主产区市县政府配套保费补贴。利用现有已从补贴中提取的部分作为贷款风险保证金，推广“银行＋保险＋风险保证金”模式。结合粮食作物生长周期特点调整农民还贷梯次，避开还贷期与售粮期交叉重叠，实行错峰还贷。支持发放新型经营主体的中长期贷款，并给予税收减免、财政贴息、融资担保等扶持政策。

三、优质大米生产滞后

一是“内力”不足。“好大米”知名度不足。据统计，江西省每年通过“三品一标”认证的大米品牌超过 500 个，但面向全国的仅有“万年贡”、“金佳大米”、“玉珠大米”等品牌。稻米内生竞争力不够。江西省地方知名“万年贡”米企产值不足 5 亿元，而同处中部地区的湖南“金健米业”、湖北“国宝桥米业”产值均超 5 亿元，且均已上市，更不用说北大荒集团、中粮集团。“好大米”品牌创建滞后。据中国农业品牌目录 2019 年区域公用品牌评审结果，在粮食品类 46 个农产品区域公用品牌中，江西省仅宜春大米、万年贡米和永修香米等 3 个区域品牌入围，与江西省主推的 7 个稻米区域公共品牌和 2 个绿色特色品牌建设目标还存在较大差距。二是优质大米供应不足。受国家粮食收购政策影响，江西省水稻长期存在产需结构性失衡，籼稻过多而粳稻不足，普通稻过剩而优质稻少。加之，江西省大量微小型大米加工企业亏损严重，企业与农户双方契约精神不足，监管难度大，优质稻订单履约情况堪忧，优质大米市场供应不足。三是高附加值大米生产滞后。虽然江西省地理环境优越，但稻田综合种养、高端有机大米等高附加值的稻米产业启动较晚，稻米增值生产技术应用水平低，稻田综合种养和有机化种植的绿色生产方式仍处于实践探索中。

建议：加强优质稻原料基地建设，以稻米品牌建设塑造江西“好大米”形象。

一是推进“品质＋品牌”双品建设。践行“绿水青山就是金山银山”的理念，明确“好大米”的品质和生产基地标准，开展“好大米”系列试验示范，逐步建立高档优质稻原料生产基地；同步严格规范已通过审定的 7 个区域公用品牌和 2 个绿色特色品牌创建区域的大米种植标准，加强优质稻原料基地建设。引导大米龙头企业等新型经营主体依托原料基地开展订单生产，加强与市、县级稻米产业协会合作，构建“企业＋协会＋农户”的订单生产模式，以优质打造优品。二是做好品牌营销，开展私人订制。借助线上线下活动，全方位覆盖、立体式宣传，挖掘区域稻米亮点，提升品牌公共价值。开展定制化服务，实行会员制，定期配送新米到会员家中，满足消费者差异化需求。三是加强订单农业监管，完善订单农业长效保障机制。明确订单双方责权划分，确保合同有效性，提高履约率；积极推进农产品信息披露平台建设，加大合作社培育力度，构建“公司＋合作社＋农户”的利益联结机制。四是加强农业学科间的合作交流，适度发展以水稻产业为主体的轮作间作绿色种养新模式。制定绿色生态种养技术规程，探索稻米增值之路。据专家测算，在永修县云山农场开展的稻鳖共生试验，亩产值达到2万元，亩收益7 000元，是单独种植绿色水稻的3倍。

四、优质稻良种供给缺乏

一是水稻制种面积和种子产量有所缩减。受“双改单”和江西省制种企业主导品种优势地位逐步削弱等影响，江西省水稻制种面积和种子总产呈递减态势。2018年，江西省水稻制种面积17.3万亩，比2017年减少2.6万亩。2018年，江西省常规稻种子总产8.4万吨，比2017年减少0.2万吨；杂交稻种子总产3.26万吨，比2017年减少0.43万吨。二是优质常规稻品种存在退化、混杂现象。江西省直播稻发展迅速，每亩用种量加倍，但受常规稻种子具备自留性且自留种成本较低的影响，稻农偏好自留常规稻种子，引发优质稻退化。据有关部门调查，江西省常规早稻70%为农户自留种，30%为商品种。此外，水稻机收普及，早稻落地谷问题也容易造成优质晚稻粒型混杂不优质。三是口感好、品质佳的优质常规稻品种较少。近年来，江西省通过审定的水稻新品种数量不少，如2018年度就审定了60个水稻新品种，但大多数品种只具有丰产特性，优质品种较少，尤其缺乏口感好、品质佳的常规稻品种，稻农可选择余地不大。四是适合稻田综合种养的优质杂交稻品种缺乏。当前，江西省稻渔综合种养具有一定规模，从2017年的4.33万公顷增长到2019年的10万公顷左右，但缺乏适合不同地区、不同稻田综合种养模式的优质杂交稻品种。同时，部分食味好的优质杂交稻品种容易倒伏，影响了农机操作和水稻产量。

建议：提升种业发展工程，因地制宜推广新型水稻生产模式。

一是设立优质稻育种专项，重点扶持优质稻攻关研发。根据优质稻品种的特点，加强杂种优势利用、分子设计育种、高效制繁种等关键技术研发，培育和推广适应机械化生产、高产优质、多抗广适的突破性新品种，重点开展优质杂交稻不育系的选育和优质杂交稻抗倒栽培技术；在2019年专项用于“外引七号”、“926”、“吉安软占”等3个常规优质稻提纯复壮工作基础上，继续深化和扩大优质常规稻提纯复壮研究，筛选适宜江西省的食用优质稻品种和资源，加快本土化应用，解决优质早稻品种不足和优质稻退化问题。二是建设地方种质资源库，加快推进省级种质资源共享平台建设。收集保存具有优良基因的种质资源，采用常规育种与生物技术育种相结合的方式，对高产、抗病育种材料不断改良和创制，提升江西省水稻种业科技创新能力及核心竞争力。三是优化水稻栽培模式，发展轻简化制种技术（直播制种和机插制种），提高水稻的单位面积有效穗数，降低投入成本。四是在水稻主产区因地制宜示范推广“双季机插”、“双季机直播”、“晚稻早种-连种”、“早籼晚粳”、“晚稻早种＋再生稻”、“有机大米”、“种养结合”、“食用菌＋一季稻”等稻作新模式。

五、粮食生产绿色种植技术落后

一是绿色种植模式还未得到广泛推广应用。一方面，江西省传统水稻种植技术以高产为追求目标，大量依靠化肥、农药，加剧了耕地重金属污染，严重制约粮食产业可持续发展。另一方面，据统计，江西省农村居民家庭平均每人可支配收入中来自农业的收入占比从2006年的62.19%下降至2017年的47.79%，来自大田劳作收入大幅减少，从事水稻生产的多为老龄人，对现代精准化、减量化绿色栽培技术的需求有限。二是水稻机械化种植普及率不高，成为制约江西省水稻机械化生产的薄弱环节。据《中国农机化导报》显示，当前江西省水稻机械化种植率仅为33.3%。全省范围内水稻机械化种植面积不到200万亩，仅占全省水稻播种面积的3%左右。

建议：加强水稻清洁生产技术研究、示范，培育多样化农业社会化服务组织和新型职业农民群体。

一是加强减肥减药与清洁生产技术研究集成和技术示范。构建一批化肥减量增效和污染物阻断减毒技术模式，全面推广“三控”（控土壤酸化、控地力下降、控化肥用量）施肥技术，深入实施农药化肥“负增长”行动，分片区建立“环境保洁-生产清洁-物质循环-高产优质-持续安全”的水稻清洁生产一体化模式。在全省范围内深入开展耕地质量整治建设，对受到重金属污染的耕地进行修复，构建“植物-土壤-环境”循环立体生态模式。对因重金属超标导致重大损失的种粮农户，出台相应的补偿措施。二是培育多样化的托管与外包服务经营主体。促进农业社会化服务市场发展，依托服务主体的技术服务优势，提高江西省水稻种植机械化水平，化解普通农户发展现代农业面临的困难。三是加快培育新型职业农民。以新型职业农民年龄、主要来源、职业发展阶段以及经营产业类型等为依据，对其进行精细分类，分层分级精准设计培训内容，将“好大米”生产理念落实到培训教材中，转化到新型职业农民的头脑中。

课题组主要成员：

池泽新　江西省农业科学院党委书记、教授
余艳锋　江西省农业科学院农业经济与信息研究所副研究员（执笔人）
尹建华　江西省农业科学院水稻研究所研究员
彭柳林　江西省农业科学院农业经济与信息研究所助理研究员
付江凡　江西省农业科学院农业经济与信息研究所所长、研究员
吴延寿　江西省农业科学院水稻研究所副研究员
王长松　江西省农业科学院农业经济与信息研究所助理研究员
余永琦　江西省农业科学院农业经济与信息研究所研究实习员
周海波　江西省农业科学院农业经济与信息研究所副研究员

对江西省促进早稻生产的调查及建议*

作为粮食主产区，江西省把握大势，提前谋划，农业复工复产走在各行各业前面，44 个服务指导组进驻 44 个县进行“一对一”指导，确保早稻面积落实落地，赢得了早稻生产主动权。经调查，截至 2020 年 3 月中旬，全省市县乡村完成了促进早稻生产政策宣传，出台了扶持措施。多数农户了解早稻生产促进政策，并积极响应。种植大户普遍保持早稻种植面积或扩大早稻种植面积，但散户、小户早稻种植积极性还不高。现将调查了解的情况及有关建议报告如下。

一、调查情况

1. 各地多措并举，促进早稻生产

当前正是春播春耕的黄金时节，也是抢抓早稻生产的关键窗口期。全省各地陆续出台相应措施，积极落实粮食生产目标任务。一是各地先后出台相关稳粮促粮通知和政策文件，推动各项政策不折不扣落到实处，将生产任务和目标全部分解到各市、县、乡镇（场），落实早稻播面。二是出台奖补政策并向早稻倾斜，拿出一定比例产粮（制种）大县奖励资金用于促进早稻生产，且多种多补。例如，全南县和赣县区分档定补，根据种植面积设定最低和最高补贴标准，全南县对种植 200 亩（含）以上的最高补助 350 元/亩，赣县区对种植 500 亩（含）以上的最高补助 400 元/亩；万载县对所有种植户补助 100 元/亩；玉山县财政补助 60 元/亩，乡镇补助 40 元/亩，合计 100 元/亩。部分地区购买粮食农机设备除享受国家购机补贴外，额外增加

* 本文于 2020 年 3 月 31 日获时任省委副书记、省长肯定性批示；于 2020 年 4 月 1 日获时任副省长肯定性批示。

地方补贴。例如，全南县额外补助 20%。落实水稻种植保险政策，农户负责部分由县财政承担。三是各地全力促进农资企业复工复产，保障早稻生产农资需求，打通农资由乡进村“最后一公里”，积极主动协调农资代理商将农资送到村级代售点。四是积极提供“双线”服务促春耕。线上通过各种形式向新型农业经营主体发送惠农政策和技术指导信息，线下开展送政策、送技术、送物资等“三送”活动。例如，永丰县通过县农业工作群、种粮大户群、稻谷补贴群等，快速传递水稻相关政策和技术，并对全县粮食科技示范户免费发放早稻种子株两优 813 共 11 860 斤，化肥 116 吨。玉山县对全县分散且未耕种的农田，由村“两委”统一与村民签订委托生产协议，交由大户及有意愿农民种植早稻。五是强化督查指导，建立早稻生产台账制，实行一周一调度一通报排名，坚决防止耕地抛荒，落实早稻生产调度情况由乡镇党政主要领导签字背书，对落实不到位的，严肃追责。

2. 种植大户种植意愿提升，多数大户种植行动积极响应

调查发现，多数种植大户早稻种植意愿普遍较之前有提升。一是国家完善粮食最低收购价政策，2020 年早籼稻最低收购价每百斤上调 1 元有一定刺激作用。二是地方奖惩措施对大户种植意愿有较强刺激性。各地及时组织种粮大户召开扩大早稻生产动员大会，宣讲国家及江西省促进粮食生产政策，调查早稻种植意向，相机选择安排专项资金、提高补贴、保障农资，明确“严禁早稻抛荒，无故抛荒重罚”，不种早稻不能领取种粮补贴等政策。据永丰县沙溪镇沙溪村温明生反映，2020 年打算种植 1 000 多亩常规早稻，比上年多种 500 亩。樟树市洲上乡园艺场陈海波表示，2020 年早稻种植预计 200 亩，农业农村局先后两次开会传达市里会议内容，要求必须种植双季稻。宜春市袁州区辉煌专业合作社胡运生反映，往年都是稻油轮作，2020 年村委和自己签订了军令状，要求种植早稻，打算扩种 600 亩早稻。三是社会责任感和使命感助推种植大户担当作为。玉山县岩瑞、四股桥等地种植大户对国家推动早稻政策积极响应，纷纷表示坚决落实早稻生产扩种任务。四股桥乡外山村种植大户郑立剑 2020 年原计划种植早稻 300 亩，当地干部找他动员后立即响应号召，扩种早稻 1 000 亩，还主动提出要帮助周边村民扩种，愿意免费为周边村民提供早稻种子，机耕、机收、无人机统防统治等农业生产社会化服务，均按 8 折优惠为村民提供服务。

3. 部分地方促进早稻生产的政策比较笼统，针对性不够

调查发现，有部分地方还未能根据地方实际情况出台促进早稻生产的奖惩细化措施，部分地方只从宏观面上宣讲国家、省级促进早稻生产的政策，宣讲内容空泛，缺乏针对性，农户对此感受一般，认为和原来的种粮政策差不多，没有产生激励作用。据万年县石镇镇黄秀峰反映，最近县里开了会，鼓励双季稻种植，但实际激励措施没有。“2019 年我种了 500 来亩，2020 年减少 20%左右”，主要是稻谷价格低。泰和县沿溪镇罗文平说：“2020 年计划种植 100 来亩早稻，跟 2019 年差别不大。”村里打电话摸过底，鼓励种植，但还没有看到实际措施。鄱阳县三庙前乡青泥村吴正卫反映，还没有得到上级通知，仍按计划种植 150 亩左右，与往年一样。

4. 部分分散农户对促进早稻生产政策响应度低，维持往常居多

调查发现，农村留守务农人口主要是 50 岁以上的农民以及部分兼业农民，他们是水稻种植散户的主体。这部分人群以早稻收购价高低为最直接判断标准，对其他鼓励措施的接受度不高。樟树市双季稻种植散户余十根反映，“年纪大了也干不了别的事，2020 年仍会种 3 亩，和 2019 年一样，但村里其他散户对发放到村里的扩大早稻生产的通知文件重视度不高，对扩大早稻种植也存在一定的抵触情绪，约 50%以上散户不打算种双季稻，2019 年种了双季稻的，2020 年都准备改种单季稻。”他们认为，尽管最低收购价每百斤涨了 1 元，但对农户种粮收益来说，改善不明显，“对种植双季稻还是没有信心”。

5. 早稻种植效益低以及稻稻油接茬难，对早稻生产影响大

据了解，近几年引发“双改单”现象增多的主因在于早稻种植不赚钱，且稻稻油接茬难。一是早稻种植不赚钱甚至亏本。大面积机直播带来的早稻落地谷影响晚稻收成和品质，且早晚连种，农忙双抢时期请工难、请工贵，早稻成本开支高，收益却连年下滑。据玉山县四股桥乡种植大户郑立剑反映，1 亩早稻平均生产成本（含土地流转）在 1 070 元左右，早稻亩产在 800～1 000 斤左右，按照 2020 年国家最低收购价 1.21 元/斤和平均亩产干谷 900 斤测算，每亩早稻毛收入 1 089 元，亩纯收益仅 19 元左右，如果再加上农田水费以及种植大户自身劳动力成本在内，早稻种植一分钱不赚甚至亏损。二是稻稻油接茬难。受江西省气候地势影响，部分区域油菜种植时间早、收割时间晚，与晚稻收割和早稻下种时间相冲突，稻稻油难以顺利接茬，对早稻生产面积的扩大影响很大。此外，早晚稻连种，需要精选具有合适生育期的早晚稻品种，确保早稻收割期和晚稻播种期有效衔接，并且有效处理“双抢”对劳力、农机、自然条件的要求，对种植户而言是一个不小的挑战。

此外，部分区域因地形地势等自然条件、高标准农田建设工期和劳动力缺乏等因素，部分田块的早稻种植受到影响。调研组深入宜春袁州区西村专访发现，近几年，随着抛荒撂荒整治工作加强和土地流转服务平台完善，荒田现象递减，但仍有部分田块抛荒撂荒，长满芦苇。其原因在于：一是前期耕地周边曾开矿，导致地质下沉，耕种条件不利，流转难；二是多数人外出务工，无人耕种。据宜春市袁州区辉煌专业合作社胡运生反映，为扩大早稻种植，3 月初从袁州区西村镇 3 个村小组流转的 600 亩土地均为抛荒撂荒耕地，其中因耕种条件不利和无人耕种的抛荒田各占 50%。南昌县塔城乡芳湖村熊文成反映，现在受高标准农田建设工期影响，暂时无法下田。永丰县沙溪镇沙溪村李宗根反映，2020 年种植早稻 150 多亩，比上年减少 20 亩，减少种植的田块主要是水源不充足，也有的田块未开展园田化（高标建设），农机操作不便。万年县石镇镇黄秀峰反映，当地丘陵地带，耕地土层深浅不一，不适宜机器操作，农机化率较低，粮食生产主要靠人工，人工价位 210 元/天，工价上涨太快，只能减少田块种植面积。

二、若干建议

仓廪实，天下安。始终保持清醒的头脑，把农业和粮食基础抓得更牢，尤为重要。

一是进一步压实地方政府粮食生产保供责任。提高政治站位，各级党委切实加强领导，书记亲自部署，协调联动，一级抓一级，层层压实责任。成立稳粮增粮工作领导小组，由党委政府领导担任正副组长，发改、财政、农业农村、水利、粮食、市场、电力、金融等部门为成员，明确稳定粮食生产工作分工，着力解决种粮补贴、农田灌溉、基础设施建设、粮食收购、水电配套以及农资监管等农民群众关心的难点问题。建立工作台账，分类施策，细化落实措施，确保粮食生产目标任务落实落地。对落实不到位的，严肃追责。同时，各级政府必须及时足额落实奖补资金，让种植户得到实实在在的奖励。

二是分类施策，精准细化。第一，各地在制定扶持早稻生产政策时要精准调研，以粮农需求为导向，重点关注种植大户群体，不可忽视散户群体，分类施策。可根据耕地复种面积计算补贴标准，即种植双季稻的农户，按2倍种植面积计算，给予补贴。对抛荒耕地、未利用的作物种植设施用地及林下可利用耕地等进行水稻种植的，按照“应种尽种、种粮即补”原则，给予同样标准的面积补贴。对散户群体，加强社会化服务，杜绝耕地撂荒。对种植大户，积极搭建项目平台，从项目申报上扶持其产业发展；在设定农机具购置补贴时，再给予额外补助，并出台农机动力油优惠政策，降低农业生产机械化成本。第二，明确目标并量化细化扶持措施。为防止早稻生产积极性下降引发种植面积减少，扶持措施必须细化量化，有必要逐条明确奖励项目、奖励资金额度和惩罚标准，并详细记载申报奖励过程，粮农可直接从字面上理解政策利好程度，利于其判断种粮是否有收益。

三是有的放矢，突出重点。用好已有的扶持政策，适时围绕重点领域强化相关扶持政策，构建保障早稻生产利好政策“篮子”，更好地刺激粮农种粮积极性。第一，强化土地流转服务支持。依据农业农村部发布的《做好2020年农业农村政策与改革相关重点工作的通知》，鼓励地方政府整合涉农资金，逐步增加土地流转专项扶持资金，完善土地流转基础设施和公共服务，加大对流转土地从事早稻生产的补贴力度；探索建立农村集体经营性建设用地入市规则、监管制度和增值收益分配机制，建立健全工商企业等社会资本通过流转取得土地经营权的资格审查、项目审核和风险防范制度；提高县乡村三级土地流转服务平台效率，及时发布土地流转意向和掌握土地需求意向，并加紧对接。认真查实查清农户早稻种植意愿，对明确不愿种植早稻的农户，可引导其通过土地流转服务平台或者由村集体统一托管流转，依法依规签订流转合同。通过线上线下相结合方式，把土地尽快流转到水稻种植大户手中，提高耕地利用效率。第二，强化金融支持。放宽大户、家庭农场、合作社等新型种粮主体的贷款标准，探索将土地承包经营权流转合同、厂房、机械设备等纳入抵质押物范围，简化贷款手续，提高早稻生产专项信贷额度，并依据水稻生长周期调整还款付息安排，加大贷款展期、续贷力度，并适当减免新型种粮主体贷款利息，做到应贷尽贷，防止其资金链断裂。第三，强化设施建设项目支持。积极引导设施建设项目向早稻主产区倾斜，集中人力、物力、财力，统筹各类资源，优先解决水稻主产区道路不畅通、农田水利设施老化、供电能力不匹配等突出问题，切实促进产业发展。

四是加快农业基础设施建设和农业社会化服务供给。第一，加快高标准农田建设步伐。推广新技术、新方法和新材料，加强项目验收管理，确保工程完成时间不与当地早稻春耕相冲突。第二，协调做好灌溉设施建设。相关职能部门加强沟通协调，加大力度做好农田水源储备、主灌渠维修养护、排灌设施修护、农业用电保障等农业基础设施保障工作。第三，大力推进水稻“产-供-销”全产业链农业社会化服务建设。鼓励种植大户和农机专业合作社提供粮食生产全程机械化，引导其通过“全托管”、“联耕联种”、“代耕代种代管”等方式，缓解乡村劳动力不足问题。第四，做实水稻保险，实现“政策＋商业”双保险。目前江西省政策性水稻保险赔付标准为400元/亩，该赔付标准不足以冲抵水稻种植成本，且赔付条件严格。建议大力协调保险机构积极开设水稻生产自然灾害商业保险，并给予农户保费优惠，鼓励农户自费购买，确保赔付金额足以覆盖种植成本，从而最大限度降低种粮风险，稳定农户种粮风险预期。

五是搞好农业技术指导培训。发挥省级现代农业产业技术体系专家团队、省市县科技特派团和农技推广体系作用，重点围绕当前面临的草地贪夜蛾等病虫害防控技术、“晚稻早种连种”技术等，通过广播电视、网络微信、“12316”APP、“12316”平台热线等新兴媒体开展“云服务”，进行在线培训、在线指导、在线答疑。组织农技人员在做好个人防护的前提下，开展必要的实地指导，帮助农民解决春耕生产实际困难。

课题组主要成员：

余艳锋　江西省农业科学院农业经济与信息研究所副研究员，省水稻产业技术体系岗位专家，江西省情研究特聘专家

彭柳林　江西省农业科学院农业经济与信息研究所副研究员，江西省情研究特聘专家（执笔人）

付江凡　江西省农业科学院农业经济与信息研究所所长、研究员，省油菜产业技术体系岗位专家

余永琦　江西省农业科学院农业经济与信息研究所助理研究员

王长松　江西省农业科学院农业经济与信息研究所助理研究员

当前江西省大米加工企业产销情况追踪调查*

为了及时掌握疫情防控进入常态化之后江西省大米加工企业产销情况，2020年4月下旬，江西省农业科学院有关课题组对上高、奉新、泰和、万年、万安、永丰、吉水、莲花、南昌县等大米加工企业开展了跟踪抽样调查。现将调研情况及有关建议报告如下。

一、调查情况

1. 受疫情影响，企业复工较往年有所推迟，但开工率短期内回升快

受疫情影响，江西省各地大米加工企业复工复产时间较往年同期有所推迟，非应急性大米加工企业2020年2月中下旬或3月初复工，部分应急性大米加工企业春节期间已复工复产。3月，企业开工率明显低于上年同期；进入4月，国内优质大米需求量有所增加，全省各地大米加工企业开工率较上年同期涨幅明显，部分大中型加工企业开工率达到100%，小型加工企业开工率也较上年同期有所上涨。上高县某加工企业王磊反映，企业一直开工，3月中旬开工率维持在30%左右，4月底开工率达到75%。泰和县某加工企业严先裕反映，正月十五复工生产，3月份订单减少，开工率为往年的50%，4月底则达到往年同期水平。南昌县某加工企业工作人员熊成反映，3月中旬开工率为往常的一半左右，4月份扩大加工规模，目前开工率达到80%。万年县某加工企业工作人员罗会敏反映，3月9日复工，3月中旬开工率相比往年低了一半；4月份开工率达到100%，高于上年同期。莲花县某加工企业工作人员蒋鹏程反映，2月20日复工，4月份开工率达到

* 本文于2020年5月9日获时任省委副书记、省长肯定性批示；于2020年5月11日获时任副省长肯定性批示。

100%。吉水县某加工企业工作人员冯晓庆反映，公司正月初三复工复产，4月份开工率较上年同期上涨15%左右。

2. 随着疫情缓解，企业收购优质稻谷竞争加剧，收购价上涨明显

3月，省内物流、人流受限，多数加工企业稻谷收购缓慢，收购价低位略涨。4月，疫情防控形势缓解，大米加工企业加速收购稻谷。往常，每年时至4月，江西省粮农手中鲜有存粮，只有部分经纪人手中存有一定规模稻谷。此时，各地大米加工企业收购压力大，尤其是优质香稻收购趋紧，收购价涨幅明显，较上年同期上涨约10%。上高县、奉新县、南昌县加工企业反映，3月仍处在疫情防控期间，无法与经纪人对接，只能周边收点散谷，部分地区处于中断状态，稻谷收购进度放缓，收购价较年前略有上涨，大约每百斤上涨3～6元，谷价波动不大；4月份各地稻谷收购趋紧，稻谷收购价较3月上涨10%。万年县某加工企业工作人员罗会敏反映，3月份稻谷收购渠道被切断，外出收购优质稻存在困难，稻谷收购价微涨，大约每百斤涨5～10元，波动不大；但到4月份，各地加工企业进入抢购稻谷高峰，收购价一直在涨，当前香米系列收购价每百斤涨了20元，已高达每百斤190元，预期5月份仍会上涨。吉水县某加工企业工作人员冯晓庆反映，2019年井冈软粘收购价每百斤135元，2020年升到每百斤150元，优质稻收购价较上年同期上涨11%。

3. 大米销售受疫情影响较小，价格波动平缓，总体销量上扬

在大米加工企业复工复产前期，江西省大米市场价格略有上涨，后期陆续回落，目前大米市场价格波动相对平缓，大米销售受疫情影响较小，整体销量上扬。上高县某加工企业工作人员王磊反映，受前期疫情防控影响，部分商超、零售商还未复工复产，大米销售渠道不畅，以小批量走货为主，省内居多，目前已恢复正常，米价在复工复产前后有升有降，但幅度不大。奉新县某加工企业工作人员宋单春反映，本地米价在2～2.2元/斤，较上年涨幅5%左右，主要对接家庭消费，销售算稳定。万年县某加工企业工作人员罗会敏反映，大米外销零售价保持稳定，4月份大米销量比3月份有所增加，尤其是上海市场销量上涨明显，但广东市场销量下滑。吉水县某加工企业工作人员冯晓庆反映，当前大米销量比上年同期上涨15%左右。莲花县某加工企业工作人员陈艳兰反映，受疫情影响，消费者对米质要求提高，销往上海的有机大米量增多。但同时，莲花县某加工企业工作人员蒋鹏程反映，受疫情影响，实体店销售大幅减少，中高端大米销售下降了四成。

4. 小型加工企业面对疫情影响和市场竞争压力增大，经营目标下调甚至停产，积极寻求破局之道

突如其来的疫情对江西省大米加工企业造成了一定冲击，因资金和仓储不足，部分小型加工厂停产。万年县某加工企业工作人员罗会敏反映，公司正处在高速发展期，原定2020年在全省招商，每个县市发展1家独家经销商，但受疫情影响消费疲软，没有达到预期目标。莲花县某加工企业工作人员颜彭保反映，由于受疫情影响，上海首家莲花血鸭旗舰店和全国招募合伙人计划将推迟到下半年进行。吉水县某加工企业工作人员冯晓庆反映，因缺乏稻谷收购资金和仓储能力，短期内无粮可加，一些大米加工企业陷入停工状态。永丰县某加工企业工作人员温明生反映，企业厂房仅有2 000多平方米，边烘干边出售稻谷，没有存粮，目前稻谷收购困难，加工厂基本停产。部分加工企业积极寻求破局之道。上高县某加工企业工作人员王磊反映，为增加销量，他们将改变营销模式，加大电商、线上销售的比重。奉新县某加工企业工作人员宋单春反映，未来将适度布局线上销售，同时与社区实体店对接。永丰县某加工企业工作人员温明生反映，2020年国家高度重视粮食生产，企业将重点改进传统农业生产方式，发展机械化，降低劳动力成本，投保商业险。吉水县某加工企业工作人员冯晓庆反映，公司开通了网上直销商城，主打品种开发和技术标准化，提升订单生产的稻米质量。

二、几点建议

疫情对江西省大米加工企业的影响是局部的、暂时的，国内对大米的市场需求仍呈刚性增长趋势。江西省大米加工企业应抓住机遇、应对挑战，从供需两侧发力，筑牢生产、加工、销售全产业链，实现长远发展。

1. 鼓励加工企业积极建立稳定的粮源基地

引导、支持企业扩大与农民专业合作社、家庭农场、专业大户等新型农业经营主体的产业化联系，通过“订单水稻”、“土地托管”、“土地流转”等方式，积极发展优质粮源基地，构建直接、快速的原粮供应链，确保原粮品质和数量供应。

2. 帮助中小型加工企业渡过难关

在利用好目前国家支持企业复工复产的金融信贷、财政税收、项目资金审批等政策举措的基础上，加大对从事订单式、扶贫式大米加工企业的资金支持力度，根据企业运营实际，减免税收，提供贴息信贷、银行贷款利息延期支付，保证中小型企业平稳度过生产困难。

3. 打造区域性特色稻米加工产业聚集区

在地方特色稻种主产区和交通枢纽，建设区域性稻米加工园区、批发交易市场和物流中心，把生产、收购、加工、贮运、批发、销售联成一体，形成区域重要的稻米流通集散地。同时，拓展农业业态，推动水稻产业与旅游休闲、农耕体验、健康养生等深度融合，提升企业品牌影响力。

4. 支持大中型加工企业改善仓储物流条件

推动传统仓储向智能化仓储转变，采用自动化智能仓储通风设备和低温存储技术，满足优质大米专仓存储需要，保证优质大米鲜活度和口感。同时，进一步加大对中小微企业在用地用水用电等方面的扶持力度，鼓励企业逐步做大做强。

课题组主要成员：

付江凡　江西省农业科学院农业经济与信息研究所所长、研究员，省油菜产业技术体系岗位专家

余艳锋　江西省农业科学院农业经济与信息研究所副研究员，省水稻产业技术体系岗位专家，江西省情研究特聘专家（执笔人）

彭柳林　江西省农业科学院农业经济与信息研究所副研究员，江西省情研究特聘专家

余永琦　江西省农业科学院农业经济与信息研究所助理研究员

王长松　江西省农业科学院农业经济与信息研究所助理研究员

“东乡野生稻”种质资源保护现状、问题及对策*

种业是国家战略性、基础性核心产业，是现代农业的“芯片”。“确保种源安全”是我国“十四五”时期加快推进农业现代化的重大目标任务。野生稻是现代栽培稻的始祖，在保障粮食安全、遗传育种和生物工程中发挥了关键作用。由于自然群落的大量丧失，野生稻目前已处于一个濒危状态，加强保护迫在眉睫。本文针对“东乡野生稻”保护存在的问题，提出若干对策建议。

一、“东乡野生稻”种质资源的重要价值

1. 属于珍贵的农业文化遗产

“东乡野生稻”作为野生稻的一种，是目前分布“最北”（北纬 28°14′、东经 116°36′）的野生稻种，也是迄今为止发现的世界上分布最北的野生稻，属于农业“物种类”文化遗产，价值极其珍贵，被国内外誉为“野生植物大熊猫”、“比大熊猫更应得到保护的物种”。

2. 属于特有的水稻育种材料

农业野生植物等生物遗传资源是我国遗传育种和生物技术研究的重要物质基础，是生物多样性的重要组成部分，是国家可持续发展的战略资源。东乡野生稻种质资源，作为野生稻中不可或缺的重要一支，是我国水稻育种（尤其是耐寒性水稻品种）的“基础材料”，为我国农业可持续发展提供了宝贵的物质基础。多年来，“东乡野生稻”为我国水稻栽培、育种、演化、分类等起到了极其重要的作用。

---

* 本文于 2021 年 5 月 28 日获时任副省长肯定性批示。

3. 富含大量优质抗性基因

一是耐寒性优。冷害是水稻生产的主要灾害之一，据江西省农业科学院长达十几年的观测实验，“东乡野生稻”在－12.8℃环境下依然可以存活，耐低温能力世界罕见，绝无仅有。二是抗旱性佳。尽管江西省水资源比较丰富，但由于时空分布不匀，局部地区缺水和季节性缺水仍然相当严重，有的甚至严重影响了当地水稻种植。通过田间比较鉴定发现，“东乡野生稻”在田间持水量10％以下时复水后植株复苏率可达50％以上，表现出了良好的抗旱性。三是抗病虫性强。病虫害是影响水稻产量的重要因素之一，现有研究表明，“东乡野生稻”不仅对白叶枯病和细菌性条斑病抗性表现强，而且对抗螟虫等虫害也表现出较高的抗性水平。此外，“东乡野生稻”还具有胞质雄性不育、广亲和、“野败”恢复、抗黄矮病、抗稻瘟病、促高产等优质基因，有待进一步深入挖掘和利用。

二、“东乡野生稻”种质资源保护现状

（一）主要做法

1. 建立了“东乡野生稻”原位保护区

一是执行全封闭式管理。设立野生稻区、灌溉区和观测区。其中，野生稻区设立在保护区中央，观测区位于保护区东西两侧，灌溉区建有水库溢洪道和排水沟。保护区采用砖墙与外界隔离，并紧靠水库网栏，进一步保证野生稻遗传多样性不受外界环境因素干扰和影响，同时有效避免外来物种入侵。严禁任何人、任何单位在野生稻保护区内放牧、开荒、砍伐，以维持保护区自然原始的原生境状态。

二是建立保护区定期清理制度。每年3—11月定期组织培训合格的农民工，在保护区内开展除草除杂工作，尤其对野生稻区内不利于野生稻生长的植物，如马根草、游草（假稻）等进行人工定向清除。同时，对周边树木、丛林等进行剪枝修理，以避免野生稻生长所需的光照、温湿度因子等受到不利影响；定期开展水沟水渠中淤泥、杂草清理工作，进一步保障野生稻所需的水源通畅。

三是持续优化生长环境。江西省气象局在野生稻区建有六要素气象观测站，实现全天候气象监测，观测指标包括温度、湿度、风速、风向、降水量

等。保护区还定期对工作站、观察站等进行完善与维护，对观察房、种质资源保存圃进行检修和维修。

2. 财政支持逐步加大

自2015年开始，农业农村部联合江西省农业农村厅每年拨款10万元作为“东乡野生稻”保护专项资金。从2021年开始，江西省农业农村厅设立“抚州市东临新区东乡野生稻原生境保护”项目，每年支持10万元作为野生稻监测经费。

3. 开发利用不断深入

高校和科研院所深入开展“东乡野生稻”定位监测、遗传多样性、水稻育种、基因克隆等全方位研究，并获得了一批具有开创性的成果。江西省农业科学院颜龙安院士团队利用“东乡野生稻”育成东野型雄性不育系国际油粘A，为我国特有且独立于野败型的第二大孢子体败育类型，并在2018年克隆了细胞质雄性不育基因，揭示了败育机理。利用“东乡野生稻”培育出的强耐寒水稻品种东野1号已在生产上推广应用，为解决南方水稻品种早春播种耐寒性、晚稻品种抗寒露风的问题提供了解决方案。利用“东乡野生稻”为材料获得的研究成果“中国野生稻种质资源保护与创新利用”荣获国家科技进步二等奖；“东乡野生稻的发现、遗传多样性保护与初步利用研究”荣获江西省科技进步一等奖。

（二）存在问题

由于自然和人为等多种因素的影响，东乡野生稻自20世纪70年代发现以来，面临种种困境，物种处于濒临灭绝的边缘。究其原因，主要在于以下5点。

1. 保护方式比较单一

当前，“东乡野生稻”主要是以人工管理为主，费时费力，加上野生稻原生境保护点的保护一般是在行政指令下建立，缺乏当地农村群众的主动参与，与当地经济发展的矛盾难以协调，监测难度大，存在管理不力的现象。

2. 保护条件整体落后

自农业农村部、江西省农业农村厅立项投入50万元建立野生稻原位保护区以来，野生稻原位保护区“十年如一日”，仅仅是按照最基本的管护要求开展相关工作。十几年没有提高过管护经费，导致保护区内水沟水渠、水井、防护网等基础设施老化陈旧、分析监控设备缺失、管理标准和监管体系缺乏等问题日益凸显。

3. 专业技术力量严重缺乏

“东乡野生稻”从发现至今，保护者还是以发现者饶开喜一个人为主。虽然根据工作需要，临时聘请人员进行除草、清淤，聘请专人在保护点开展日常保护管理工作，但聘用人员缺乏专业知识以及实际工作经验，在技术、人力和组织管理方面难以达到工作要求，很难从专业角度进行有效监测、管护。况且，饶开喜已退休（现已返聘），年纪也越来越大，如不加紧培养年轻的专业管护人员，可能导致无人接班“守稻人”的窘境。

4. 可持续保护措施亟待加强

一方面，野生稻居群锐减。截至目前，野生稻居群已由先前的 9 个减少到 3 个，野生稻保护区面临消失的潜在风险。在保护区缓冲区带出现了不少农作物、经济作物，也加速了野生稻保护区有效面积的缩减。另一方面，野生稻核心区面临物种竞争。核心区内的游草及柳叶箬等伴生物种已逐步形成优势种群，野生稻群落受到伴生植物激烈竞争，野生稻生长密度逐渐下降。此外，野生稻原生境的水生态环境易受旱，缺乏充足水源的持续补充，若遇上干旱年份极易抑制野生稻的生长和繁衍，可能造成濒危情况的发生。

5. 开发利用效果明显不足

一是利用“东乡野生稻”耐寒性优势培育出来的可以成功越冬的水稻品种较少，在生产中推广使用的更少。二是对野生稻资源有益基因的开发利用尚处于起步阶段，“东乡野生稻”资源仍有较大的开发利用空间。三是以野生稻为核心打造和开发的相关产业尚属空白，缺乏结合当地的发展环境和已有资源的合理规划。

三、加强“东乡野生稻”种质资源保护的对策建议

1. 健全保护体制机制

一是明确保护主体责任。坚持部门管理与属地管理相结合，以属地管理为主的原则，将保护区的建设和管理纳入东临新区“十四五”经济和社会发展规划，资源保护、物业管理、科学研究、宣传教育等所需经费由上级行业主管部门与属地共同承担，纳入财政预算。保护工作由东临新区农业农村局

主管，下设机构东临新区东乡野生稻原位保护站，安排中高级农艺师常驻野生稻基地，从事野生稻管护、监测和研究工作。二是严格日常管理。出台野生稻保护区管理制度，严禁任何人任何单位在野生稻保护区内放牧、开荒、砍伐，维持保护区原生境环境。国内外专家、学者、科研人员进入保护区，执行学术活动审批许可制度。健全安全防控制度，落实防火、防泄密等管理措施。三是加大宣传力度。对原位保护区周边的 3 个村委会农民群众，开展野生稻常态化保护意识宣传，提升农民群众的种源保护安全意识，杜绝人为毁坏野生稻的行为发生。

2. 提升完善原位保护区基础设施

一是给予财政项目支持。落实政府主体责任，农业农村部、江西省农业农村厅将项目支持纳入“十四五”规划，长期稳定支持“东乡野生稻原生境保护区”建设。二是完善原位保护区基础设施。修缮保护区围墙及护栏，防止牛、羊等畜禽和外来植物等破坏野生稻生长；修缮大门及区间道路，改扩建生态卫生厕所，提升保护区整体面貌；新修建保护区供水系统，修缮保护区供水渠道，打深水井用于缺水灌溉；新建宣传长廊，丰富野生稻科普知识及成果展示。三是提升科研和监控设备。改扩建观测室，购置野生稻种源保护、评价鉴定等前期工作所需的简易科研设备；新增野生稻监控和观测设备，建设信息化、智能化监测系统。

3. 加强异地异位科学保护

一是加强野生稻异位保存。针对“东乡野生稻”分布面积小、零星分散，难以在每个分布点建立原生境保护区的特点，需要加强异位保护，按不同自然居群的种源进行取样收集，经过大田种植、形态观察、整理后进入现有野生稻种质资源圃或新建的野生稻种质种茎异位保护圃加以保护。二是加强野生稻种源基因保存。依托科研院所，深入开展“东乡野生稻”基因提取工作，采集现存组织，进行细胞和 DNA 保护，保存其全基因组，建立重要功能基因的 DNA 库，建立 BAC 文库（用细菌人工染色体为载体保存野生稻 DNA）等，从分子水平进行精准保存。

4. 加强合理开发利用

一是依托高校和科研院所，设立院士工作站或博士工作站，并解决必要的科技人员编制；利用“东乡野生稻”中耐低温、抗性强、光合效率高等特异种质基因资源，合作培育产量、品质、抗性更优的新品种。二是整合“东乡野生稻”优势资源和当地旅游资源，开发文旅研学融合项目。三是设立“东乡野生稻保护基金”，吸纳大型农业龙头企业合作，在东临新区示范推广耐低温、抗逆性强的新品种，打造耐低温水稻新品种制种基地。

课题组主要成员：

徐　俊　江西省农业科学院农产品质量安全与标准研究所副研究员（曾挂职抚州市东临新区党工委委员、管委会副主任）

费　丹　江西省农业科学院农产品质量安全与标准研究所助理研究员（执笔人）

彭柳林　江西省农业科学院农业经济与信息研究所副研究员

马　回　江西省社科院蓝皮书编纂室主任

王记林　江西省农业科学院水稻研究所副研究员

黎毛毛　江西省农业科学院水稻研究所研究员

陈　萍　江西省农业科学院水稻研究所副研究员

赵隽劼　江西省农业科学院党委（行政）办公室科长

严　松　江西省农业科学院水稻研究所研究员

艾志亮　抚州市东临新区农业农村局局长

丁　智　抚州市东临新区农业农村局副局长

饶开喜　“东乡野生稻”发现者、保护者

社区团购对江西省大米加工企业冲击调查*

近日，课题组在对江西省多个大米加工企业调研时发现，受社区团购平台冲击，江西省大米加工企业的大米销量严重下滑，产业链受挫，拉低了终端市场大米销售价格，中小米企的上升空间逐渐被挤压，甚至被淘汰出局。面对社区团购平台的冲击，多数企业缺乏有效应对措施。

一、2021 年上半年大米加工企业销量、售价双下滑

2021 年 1 月份，受疫情和国家鼓励就地过年的号召影响，也恰逢过年期间消费者都有囤粮习惯，大米加工企业产销两旺。1 月之后，大米销量一路下滑，4 月份市场上大米销售基本停滞；到了 5 月中下旬至 6 月，销量有所好转，但仍未达到往年同期水平。总的来看，2021 年上半年，江西省大米市场形势不容乐观，米企的大米销量较往年同期下滑了 30%～60%，米企的开工率和大米加工量相应降低，多数米企反馈开工率不足上年同期的一半。据永修县金穗米业有限公司反馈，上半年加工量在 100～200 吨/月，同比上年显著下降；上高县江西圣牛米业有限公司反馈，2021 年上半年大米加工率维持在 20%～30%左右，月加工量不足 1 000 吨。同时，大米批发价也下降了 0.1～0.2 元/斤。据宜丰县江西秋禾米业有限公司反馈，年前的大米出厂价为 2.2 元/斤，年后一路跌至 2.08 元/斤。

二、大米加工企业出现亏损的因素分析

1. 2020 年稻谷收购价偏高，2021 年大米售价降低明显

2020 年市场上优质中晚稻供应量减少，加之疫情导致全球粮食安全危

---

* 本文于 2021 年 9 月 16 日获时任省委书记肯定性批示。

机，市场对后期大米行情看好，且存在少量稻谷烘干厂、米企囤粮行为，加剧了市场上中晚稻抢购行为，稻谷市场化收购价相比往年增幅较大，增幅在10%左右。企业投入成本居高，而年后市场上大米降价，再加上利息等营业费用，企业亏损严重。以黄花占为例，2020 年上市初期干谷收购价 1.45～1.50 元/斤，到 2020 年底涨至 1.57～1.58 元/斤，而以往基本在 1.30～1.50 元/斤；此外，特优稻甚至高达 1.70～1.90 元/斤。而 2021 年后，稻谷收购价快速回落，黄花占系列收购价降到 1.20～1.35 元/斤。如，永修香米系列的大米批发价从 5～6 元/千克，下降至 4～5 元/千克。随着新季早、中稻陆续上市，为了能有资金和仓库收购新粮，多数大米加工企业都在抛售上年收购的稻谷，亏损严重。

2. 国家调控升级，拉低大米市场售价

2020 年 10 月份开始，国家加快稻谷去库存，大量政策性粮食涌入市场，不少企业竞拍储备粮加工后出售，导致陈粮价格冲击新粮价格。据宜丰县江西秋禾米业有限公司反馈，2021 年安徽、湖北等地米企 2018 年陈粮加工后的大米售价才 1.75 元/斤，比江西米企的早米出厂价还低。大米市场总供应增加，需求萎缩，大米销售不畅，导致目前不少企业的稻谷库存仍较多，也同步拉低市场大米售价。加之，进口碎米增多，特别是印度可食用碎米价格在 1.3 元/斤左右，而江西省米企的碎米价格在 1.6 元/斤左右，差价太大，导致原先用本地碎米的企业都用进口碎米，拉低了本地企业的大米售价。

3. 社区团购平台低价无序竞争，加剧销售渠道碎片化

疫情时代，大批资本入驻社区团购平台，采取大规模的补贴、烧钱、跑马圈地等不正当商业竞争、价格歧视等诸多非正常市场手段抢夺市场份额。社区平台上打出的大米售价比经销商进货价格都低，拉低市场售价，抢走了很多传统经销商的市场份额，导致大米实体店销售急剧下滑，经销商没有信心卖米，不进货，连带加工企业销量下滑。而入驻社区团购平台的大米供应商为了配合平台提高销量，也是亏损严重。如，永修县燕坊镇诚德大米厂往年 1 个月外派 10 多车（1 车 10 吨左右）大米，大约 3 天 1 车大米；2021 年 1 个月才外派 2 车，销量严重下滑。上高县江西圣牛米业有限公司反映，湖北某企业曾经日销售 130～140 吨，现在日销售仅 10～20 吨。社区团购平台的出现，使得销售渠道更加碎片化，客户高度分散，传统渠道客户流失严重。江西谷稼粮油有限公司反馈，2021 年上半年销量下滑太厉害，主因还是社区团购平台以低价圈走了大量消费群体。

4. 部分中小企业加工设备老旧，不适应市场需求

部分中小型大米加工企业的加工工艺传统，加工设备已经使用 10 多年，机器性能差，跟不上社会需求，而更换一套加工设备需要 200 万～300 万元，存在资金压力。加工工艺的不足，导致大米外观品质难以媲美电商平台上销售的大米，中小企业难以参与电商平台竞争。

5. 大米加工企业产能过剩，行业价格战加速内卷

江西省大米加工企业多为中小企业，但加工能力增速超过原料增长速度和消费需求增速。曾经加工企业的加工设备多为中小型加工设备，日加工量在 30 吨、50 吨等；现在都是大型加工设备，动辄 100 吨、300 吨、500 吨等。大米加工产能过剩加剧了大米加工行业内的市场竞争，行业价格战加速内卷。

三、大米加工企业对社区团购平台冲击的看法

调研发现，多数企业视社区团购平台为鸡肋，既希望入驻平台抢占市场，但又不认可社区团购平台的低价倾销模式，认为低价倾销容易陷入恶性竞争怪圈。但多数企业认同电商必将取代传统营销模式，是未来企业转型的方向。

1. 社区团购平台严重冲击大米全产业链

一是社区团购平台销售模式对实体经济产生重大冲击。社区团购平台在资本逐利行为驱使下，运行前期不顾成本约束，将大米供应商的商品成本压缩到极致，以价格优势圈住消费者，绑定供应商，后期垄断提价获取高额垄断利润，消费者只能被动接受，严重损害消费者利益，严重扰乱正常市场交易行为和交易秩序，恶化市场环境。尤其是社区团购平台将传统的 5 级分销模式（企业-总经销商-二三级分销商-终端零售-消费端）变更为 3 级分销模式（企业-平台-消费端），中间的经销商渠道被取消，对终端实体零售群体造成较大冲击，导致农贸市场、社区便利店、粮油店、中小型超市生意惨淡，很多面临关门失业。长此以往，大米产业链传统销售渠道将消失，大米加工企业也将逐步被资本运作方吞并或者挤出市场，大宗农产品流通将被资

本垄断。江西谷稼粮油有限公司和宜丰县江西秋禾米业有限公司认为，如果国家不对大米加工企业进行扶持、引导，会有一波倒闭潮出现。

二是社区团购平台低价导向难以保证商品质量，易误导消费者。社区团购平台以价格为导向，而不是以价值为导向，对一些规模化、标准化、现代化的米企是一种打击，一些小企业为了满足平台低价要求，把不合规产品推上平台，平台上低质低价的产品占比不断增加。同时，平台的低价导向，易诱导消费者对商品价格不敏感，认为传统销售渠道购买的商品属于暴利，打破了合理的商品价值观，陷入低价循环怪圈。

2. 企业缺乏电商人才应对新型经营模式

社区团购平台模式与传统经营模式不同，玩法多样。所有接受调查的大米加工企业均提出，企业缺乏懂得电商操作的专业团队，即使如江西圣牛米业有限公司这类省级农业龙头企业已经先后入驻过美团、阿里、大润发、盒马等多个电商平台，但仍认为自己“玩不转”，经营理念仍禁锢在传统营销方式上。且多数企业认为，以当前大米行业的销售利润来看，很难支撑企业独立组建一支电商运营团队。

3. 中小型大米加工企业对社区团购平台冲击束手无措

面对社区团购平台冲击，多数大米加工企业感觉束手无措，找不到突破方向。企业仍采取传统分销模式，以满足自身销售需求。部分中小型大米加工企业提出，如果销量没有了，以后就不从事大米加工行业或者减少收购量，而随着国家粮食安全战略下的“稳产保供固安全”和“两个确保”决策部署实施，我国稻谷产量将保持稳中略增态势，一旦社会性收购量减少，粮食产业优质化进程受阻，也容易导致“卖粮难”问题再现。

四、建议

1. 规范社区团购行业规则，强化反垄断监管

严格落实《关于强化反垄断深入推进公平竞争政策实施的意见》，严加规范社区团购行业规则。统筹用好数字监管、信用监管、执法检查、行政约谈、通报警示等各种监管手段，出台指导性大米价格机制，加快建立健全与零售商品流通新业态运营特点相适应的监管体系，特别是要加强大宗农产品流通领域反垄断监管，推动反垄断法规政策在大宗农产品流通新业态领域落地实施，提升社区团购平台合规化水平。同时，加强对社区团购平台企业的道德规范约束，加强企业社会责任的内外部治理，促使互联网平台企业自觉履行社会责任，建立公平竞争、良好的数字营商环境。

2. 加大指导，扶持大米加工企业开展电商营销

一是做好区域农产品电商发展规划。地方政府要依托数字农业、数字乡村战略，发挥数字技术的普惠效用，做好区域内农产品电子商务发展规划，有序推进地方农产品互联网化和品牌化发展。同时，对农产品生产、流通、市场等全产业链信息进行精准化、动态化、标准化采集，实现实时监测、预警预报。

二是扶持企业开展区域性电商联营。提升企业市场应变能力，调整营销战略。调动省、市、县级科技特派员队伍和乡村振兴工作队、专业院校等力量，加大对大米加工企业电商运营团队培养，根据企业对农产品电子商务的吸收程度，进行不同层次需求的订单培训，协助企业搭建或融入电商平台，提供能让企业用得起、离不开，且应用起来方便、听起来易懂、做下来见效的电商技术。此外，电商平台投入较大，鼓励区域性大米加工企业联合建设电商平台，提高运营效率，分散资金压力，整合物流资源，降低企业销售成本和消费者购买支出。

3. 大米加工企业自练内功，实现转型升级

一是寻求产业数字化转型。适应时代需求，提升企业数字化能力建设，打造和孵化一支懂得线上运营的营销团队。主动创新营销模式，大力推动私人订制型（订单型）农业发展，依据消费者订单进行稻米种植生产，利用互联网技术，让消费者远距离多场景全程参与大米生产全过程，增强体验感和对产品的认可度、忠诚度。

二是寻求差异化竞争优势。探索发展地域性强的小众高端品种。发展专用米、糙米和米糠食品等新型营养健康产品和系列化、优质化、方便化主食食品。

三是坚持技术升级。更新加工工艺，加大节能减排、节本降耗等新技术、新工艺、新设备、新产品的研发、示范和应用力度，逐步淘汰稻米加工业落后产能，以质量求生存。

课题组主要成员：

余艳锋　江西省农科院农业经济与信息研究所副研究员，省水稻产业技术体系岗位专家，江西省情研究特聘专家

赵　玉　东华理工大学经济与管理学院教授

聂园英　江西省农科院农业经济与信息研究所助理研究员

付江凡　江西省农科院农业经济与信息研究所所长、研究员，省油菜产业技术体系岗位专家

余永琦　江西省农科院农业经济与信息研究所助理研究员

王长松　江西省农科院农业经济与信息研究所助理研究员

彭柳林　江西省农科院农业经济与信息研究所副研究员，江西省情研究特聘专家

第二部分

保障重要农产品供给

（一）蔬菜产业

兴芦笋大健康产业
助江西乡村振兴*

2018年10月8日，省委、省政府召开全省科学技术奖励大会，江西省农业科学院独立完成的《芦笋种质资源和育种技术创新及新品种选育》荣膺2017年度江西省科学技术进步一等奖，并名列榜首。会上，易炼红省长指出要加快科研成果就地就近转化。世界芦笋看中国，中国芦笋看江西。江西拥有芦笋领先的科研水平、良好的产业基础，已具备就地就近转化的先决条件。保持江西对芦笋大健康产业的引领，实现成果就地转化、落地生根、开花结果，势在必行。

一、江西芦笋大健康产业大有可为

2018年11月12—14日，由江西省农业科学院陈光宇研究员发起并任论坛组委会主任的首届“芦笋大健康亚洲论坛”在张家界召开，11月15—17日食药同源产业科技创新国际研讨会在南京召开，陈光宇研究员作大会特邀报告，芦笋被列为国家食药同源之首。大力发展芦笋大健康产业符合习近平总书记提出的“健康中国”的理念，有助于推动当前供给侧结构性改革和乡村振兴战略实施，满足人们对大健康产业的社会需求。江西在芦笋产业发展上具有领先的科研创新成果、优异的种质资源、尖端的人才团队、良好的产业基础、独特的生态优势及先进的生物医药积淀，必将引领助力芦笋大

* 本文于2019年9月10日获时任省委副书记、省长肯定性批示；于2019年9月14日获时任副省长肯定性批示；于2019年2月27日获时任省政协副主席肯定性批示；于2019年9月10日被中共江西省委办公厅信息处采纳。

健康产业高质量、高水平发展。

1. 芦笋大健康产业前景广阔

芦笋因美味、营养、药用、保健价值，享有“蔬菜之王”、“国家食药同源之首”的美誉，既是重要的出口蔬菜，也是提炼药品、保健品的重要原料，更是风沙化土地、盐碱地治理和产业扶贫的有力武器。芦笋大健康产业开发前景极为广阔。一是产业链长涉域广。芦笋产业链已突破农业领域、食品加工业，涉及药品、保健品、化妆品等行业，切合当前供给侧结构性改革，满足百姓多样化、差异化、个性化的大健康需求。二是系列加工产品丰富，附加值高。历经几十年开发，芦笋系列产品梯度升级，有芦笋茶、酒、汁、粉、饮料、胶囊等高附加值食品；有抗癌的芦笋片、口服液、糖浆等药品和抗氧化抗衰老的保健品；有以芦笋为重要原料的日霜、晚霜和防皱霜等化妆品；还有利用芦笋的下脚料生产可溶性芦笋粉、浓缩芦笋汁、芦笋酵素以及饲料等深加工产品。三是经济体量大，市场前景好。随着国家经济发展，人们亚健康状态的蔓延，特别是老龄化的加快，对健康营养需求剧增，而科研实践证明，芦笋对增强人体消化、吸收有很大改善作用。虽然芦笋在中国规模化发展只有二三十年的时间，但产值已近千亿。中国有 13 亿多人口（其中 60 周岁及以上老年人近 2.5 亿），未来如果按人均每年消费 10 千克芦笋计算，按照现在鲜笋每千克 20 元价格，即可达到 2 600 亿元的市场规模。如果其中有 30%的鲜笋被加工成食品，10%被加工成药品和保健品，则这些部分可分别提高附加值 2～3.7 倍和 10 倍以上，产值将上升到 5 000 多亿元。另外，中国有荒漠化土地 100 亿亩，盐碱地有 50 亿亩，如果其中的十分之一通过种植芦笋来治理，产生的效益可达数千亿元，由此挽回的生态损失更加巨大，整个芦笋产业的效益可达万亿元。四是产业扶贫效果显著。芦笋在国家精准产业扶贫、促农增收、促进县域经济持续增长等政策背景下发挥了关键作用，全国各地通过芦笋产业扶贫的报道屡见不鲜，例如，省级贫困村南昌市新建区石埠镇西岗村于 2016 年引进了千亩芦笋种植基地，通过芦笋产业扶贫的方式带动周边 150 余人实现就近就业，帮助贫困户户均纯收入达 5 000 多元。省级贫困县四川恩阳通过在房前屋后发展“庭园芦笋”，带动 1.2 万余户贫困户户均年增收 6 500 元以上，并于 2018 年脱贫摘帽。

2. 江西芦笋大健康产业优势显著

（1）产业技术引领优势。1997 年，留学归国博士陈光宇组建了江西省农业科学院芦笋科研团队，从此，江西芦笋科研走上了从无到有、从有到优的光辉历程，短短 20 余年，突破了我国芦笋种质资源匮乏、无自主知识产权的优良品种、茎枯病发生严重等产业瓶颈，建立了涵盖种质资源保护与利用、新品种选育、高效栽培模式推广、深加工品开发等产前产中产后一体化的研发推广体系。江西省农业科学院对芦笋的倾注，铸就了江西芦笋引领全国，成果斐然，坐拥 14 个“1”：1997 年从国外引进了第一批芦笋种质资源，在江西省建立了中国第一个芦笋种质资源圃，全国率先建立了现代芦笋遗传育种技术体系，培育了我国第一个拥有完全自主知识产权的芦笋无性系杂交新品种，主持制订了我国第一批芦笋行业（农业）标准，建立全国第一个有机芦笋基地，率先成功地用芦笋进行荒漠化土地治理，首次承办世界芦笋大会，首次提出芦笋产业要从农业迈向工业，建成以江西省农业科学院为首席单位、陈光宇任首席专家的世界上第一个国家级的芦笋研发体系，组织召开首届芦笋大健康亚洲论坛，发起主持实施由中国、美国、意大利、荷兰多国科学家共同参与的芦笋基因组计划国际合作，完成了世界上首张芦笋全基因组序列图谱绘制。此次荣获 2017 年度江西省科学技术进步一等奖，实至名归，标志着江西省芦笋研发水平达到国内领先水平，在促进我国江西省芦笋产业升级和科技进步方面取得社会认可的显著成绩。最近，国际园艺学会提出在中国建立国际芦笋科学院，将是第一个总部设置在中国的国际科技组织。

（2）生物医药规模优势。生物医药特别是中医药产业是江西的特色优势产业，具备良好的产业基础和规模效应，积淀了影响海内外的历史文化，培育了一批在全国颇具影响力的行业龙头企业，汇聚了一批中医药优势品种和特色产品。生物医药产业已被列入江西重点发展的十大战略性新兴产业之一，在全国的地位和影响力持续提高。2016 年 6 月江西省颁布了《江西省生物医药产业发展行动计划（2016—2020 年）》，2017 年初，省委、省政府提出建设中国（南昌）中医药科创城的战略构想。芦笋的保健、药用价值大：“一减二抗三降一壮”（一减：减肥；二抗：抗肿瘤、抗衰老；三降：降血压、降血脂、降血糖；一壮：壮阳），这些功效均已得到医学验证。经国家卫生部批准，已经有3个“准”字号药品用于临床，均为处方药。当前，在营养健康产业发展大背景下，食药同源产业大有可为。芦笋大健康产业的长足发展，可进一步巩固提升江西省生物医药产业的综合实力和全国影响力。

（3）绿色生态优势。江西森林覆盖率63.1%，居全国前列。2017年，国务院批复江西为首批国家生态文明试验区，打造美丽中国“江西样板”。绿色生态是江西的最大财富、最大优势、最大品牌，江西发挥绿色生态优势，培育绿色发展新动能，推动绿色产业发展升级义不容辞。在生态上，江西优于其他省份，好山好水好空气，使江西具有得天独厚的种植芦笋的生态环境。芦笋及其加工产品，保健药用功效突出，本身就是绿色健康营养产品。再加上其沙化地、盐碱地治理的生态效益，更能彰显江西绿色生态名片。由江西省农业科学院提供技术支持建设的位于南昌县银三角江西宇田芦笋基地，通过欧盟有机产品论证，成为我国第一个通过欧盟有机论证的芦笋基地。江西省农业科学院芦笋科研团队十余年前在南昌厚田沙漠成功创立了“芦笋+林草”治理南方风沙化土地的综合生态模式，为我国以芦笋为先锋植物治理荒漠化土地和芦笋产业化开辟了一条新的途径，获得良好的生态经济效益。江西省鄱阳湖生态经济区有上百万亩沙质土壤，把沙化地治理和芦笋产业化发展有机结合起来，实现沙化地治理过程中生态效益和经济效益的统一，具有重大意义。

（4）食品科技优势。江西省农业科学院食品加工研究所是集食品工艺研究、农副产品加工及综合利用、中试生产线设计和设备制作及筛选的省级科研机构，已研发出芦笋酒、芦笋茶、芦笋汁等系列芦笋食品。南昌大学食品科学与技术国家重点实验室也承担了江西省农业科学院主持的国家公益性行业（农业）科研专项“芦笋产业技术研究与试验示范”专题“芦笋加工及综合利用关键技术研究”，研发了芦笋罐头、芦笋粉、芦笋咀嚼片、芦笋奶茶、芦笋提取物等10多个新产品。截至2018年底，以陈光宇为首的芦笋科研团队共申报芦笋专利29项，授权11项。

（5）生产种植优势。20世纪90年代初，江西临川等地就开始引种芦笋，历经近30年的积累与沉淀，目前全省各地县市均有种植芦笋，种植面积快速扩大，截至2018年底，已达2万余亩，主要分布在南昌、新干、横峰、宜春、乐平、鹰潭等地，拥有江西省宇田农业有限公司、万载恒晖大农业有限公司、江西新和源绿色农业有限公司、南昌禄祺实业有限公司等芦笋种植和加工企业，以及南昌县银三角芦笋基地、万载县三兴芦笋基地、新建县西岗芦笋基地、南昌县武阳芦笋基地等多个基地。截至 2018 年底，江西通过有机论证的芦笋品牌有3个：江西宇田公司的“素里养”有机芦笋、井冈山瓯峰有机芦笋和万载恒晖有机芦笋，在全国首屈一指。江西省农业科学院芦笋科研团队利用国家/省蔬菜产业体系、省休闲农业产业体系以及科技特派团等平台，在全省各地普及芦笋知识，推广芦笋产业技术，近 3 年来共举办培训班 20 余期，培训种植户、技术员、企业负责人近 1 000 人，具备大健康产业发展的一产基础。

二、目前江西芦笋大健康产业发展瓶颈

江西一直保持着芦笋科研领跑全国的强势，虽在芦笋产业发展上有一定的政策、资金扶持，但只限于农业层面，收效甚微，芦笋高端产业发展呈现“墙里开花墙外香”的尴尬局面，其制约“瓶颈”主要体现在以下几方面。

1. 三产融合瓶颈

突破芦笋一二三产融合瓶颈，跨行攻克，提质增效，是芦笋大健康产业发展的必然趋势。目前江西芦笋产业发展仍处于“一产为主、二产为辅、三产鲜有”的状况，当前江西省芦笋种植已有 2 万余亩规模，但是加工企业很少，且以食品加工企业为主，只有江西江中制药集团和万载恒晖农业有限公司开发了芦笋相关加工产品，以芦笋为素材的服务业更是微乎其微，芦笋大健康产业三产融合发展水平很低。

2. 政策扶持瓶颈

迄今为止，芦笋是所有农作物中唯一直接用于制药的蔬菜品种。当前，芦笋大健康产业迎来了提质增效扩级，需要政府给予必要的政策扶持。2013 年 10 月强卫书记对江西省芦笋产业发展作出了重要批示，江西省农业厅出台制定了《江西省农业厅关于推进全省芦笋产业发展的指导意见》；紧接着宜春市出台了《关于推进全市芦笋产业发展的实施方案》，但芦笋大健康产业整体发展水平还不高，江西省还未打造出引领全国芦笋大健康产业发展的

“样板间”。最近，吉安市出台了《井冈芦笋产业规划》，但也只限于农业领域的政策措施，并没有联合攻关出台芦笋产业涉及的种植、食品加工、药品、化妆品、饲料、旅游（康养休闲）等系列扶持政策，发展芦笋大健康产业的氛围不浓郁。

3. 资本瓶颈

近年来，江西省各级政府对芦笋产业扶持只局限于农业层面，还未涉及芦笋大健康产业中食品加工、药品、保健品、化妆品、饲料、康养休闲等领域。芦笋大健康产业具有高投入、高收益特点，产业集中度高，集群效益明显，前期产业发展投入需要各级政府支持、社会资本参与。目前，江西省缺乏大型龙头企业来领头整合全省芦笋发展资金，生产者、加工者、经营者抱团发展的格局远未形成，严重制约了产业高效、高质发展。

三、做大做强江西芦笋大健康产业的有关建议

当前江西省引领芦笋大健康产业发展优势独特，为加快把江西省芦笋大健康产业打造成全国芦笋产业高质量发展引领区和江西乡村振兴支柱产业，特提出以下 4 点建议。

1. 加强顶层设计，以工业理念抓芦笋大健康产业

江西芦笋大健康产业要做大做强，首要的是打破传统的将芦笋作为蔬菜定位的农业发展思维，而要将其作为工业原料，以二产为主攻方向，以发展二产、三产带动一产。芦笋大健康产业所涉及的农业、食品加工业、医药、保健品、化妆品、康养休闲等各级管理部门必须高度重视，充分看到江西省芦笋大健康产业发展的优势和潜力，形成合力，迅速抢占先机。建议由省发改委牵头制定相应领域的规划，明确发展目标、重点任务和重要举措，以顶层设计推动江西省芦笋大健康产业的快速发展。成立江西芦笋大健康产业专家委员会，可聘请陈光宇研究员为首席顾问，由专家委员会统一指导、协调江西芦笋大健康产业发展。政府出台相应政策措施，引入实力雄厚的生物医药企业，组建以芦笋制药和健康食品为核心的专业化龙头企业，为江西芦笋大健康产业发展注入新动能。

2. 跨行业多渠道筹措资金，打造江西芦笋大健康产业的企业主体

芦笋产业链长涉域广，当前农业领域的资金投入十分有限，相当于杯水

车薪，应充分发挥芦笋大健康产业集种植、食品加工、药品、保健品、化妆品、动物饲料、生态治理、外贸、康养休闲于一身的独特角色，跨行业多渠道筹措资金。建议政府制定优惠政策，牵头建立芦笋大健康产业专项基金，引入省金控集团等国有资本，吸引社会资本，组建混合所有制芦笋大健康集团公司，整合现有芦笋生产和加工企业，形成芦笋大健康产业的企业主体，为江西芦笋大健康产业发展提供雄厚资金支撑。

3. 加快一二三产业融合，发展江西芦笋大健康产业综合体和芦笋田园综合体

要实现江西芦笋大健康产业发展兴旺，必须加强二三产特别是二产的培育与壮大，形成芦笋产业集群。建议在省会城市南昌周边 1 小时车程内，选择有一定种植规模的科技园区、产业园区，建立集以有机芦笋为主的种植业、以草食动物为主的养殖业、以健康食品为主的加工业、以赣文化为主的休闲业、以园艺治疗为主的养生业、以物联网为主的智慧农业等功能于一体，具有辐射示范作用的芦笋大健康产业综合体，打造特色康养小镇，使其成为可复制、可推广的产业综合体的“样板间”，以点带面，辐射引领江西乃至全国的芦笋大健康产业综合体高质量发展。同时，建议在有基础的地市如吉安市、宜春市等，建设以芦笋为特色的田园综合体，打造新农村建设样板。以打造 5 万亩的芦笋大健康综合体为例，按亩产 1 500 千克和现在鲜笋每千克 20 元价格计算，即可达到 15 亿元的市场规模。如食品类加工产品 30%、鲜笋做药、保健品以及康养休闲 15%，则这些部分可分别提高附加值 2～3.7 倍和 10 倍以上，产值可达 100 亿元。

4. 加大芦笋科技投入力度，增强江西芦笋自主研发引领地位

江西芦笋研发在全国甚至全世界都具有举足轻重的地位，必须继续保持增强江西芦笋自主科研的引领地位：一是建议省农业农村厅将芦笋产业纳入江西省现代农业产业技术体系，通过整合全省农业科技创新优势资源，构建芦笋产业技术研发推广示范平台，推动芦笋产业生态高效可持续发展。二是建议省科技厅设立芦笋科研专项，组建芦笋工程技术研究中心，依托江西省农业科学院现有技术、人才力量，整合全省科技资源，设立芦笋科研专项，大力吸引全世界芦笋科技人才，把江西省芦笋工程技术研究中心建设成为国际一流的集工程技术研究、实验和推广的平台，为全国的芦笋产业发展提供综合性服务。三是建议在江西相关大专院校开设芦笋专业方向，培育芦笋专业学生，进一步壮大芦笋大健康产业科技人才队伍。

课题组主要成员：

陈光宇　江西省农业科学院原巡视员、研究员，中国园艺学会芦笋分会理事长

魏建美　江西省农业科学院农业经济与信息研究所副研究员

周劲松　江西省农业科学院蔬菜花卉研究所副研究员

卢　慧　江西省农业科学院农业经济与信息研究所助理研究员

李　庆　江西省农业科学院农业经济与信息研究所副所长、研究员，省蔬菜产业经济岗位专家

罗绍春　江西省农业科学院蔬菜花卉研究所研究员

徐光耀　江西省农业科学院农业经济与信息研究所助理研究员

加快江西省特色蔬菜产业高质量发展的对策建议*

习近平总书记在中央农村工作会议强调，“要加快发展乡村产业，顺应产业发展规律，立足当地特色资源，推动乡村产业发展壮大”。江西一流的生态环境和丰富的自然资源孕育了品种多样的特色蔬菜，具有良好的市场前景。“十四五”时期，聚力发展具有地域特色和显著效益的特色蔬菜产业，十分必要。

一、江西特色蔬菜产业发展潜力巨大

1. 有广阔的特色蔬菜种植区域

江西的气候资源和农业资源禀赋，适宜辣椒、芡实、白莲、山药、竹笋等特色蔬菜生产。特别是鄱阳湖区水土资源丰富，湖区水面辽阔，生态环境优越，水质纯净。鄱阳湖区的南昌、永修、鄱阳、彭泽、庐山、瑞昌、进贤和余干主要湖滩洲地面积达到 180 万亩，适合种植藜蒿、莲藕、慈姑、水芹、茭白、芡实、荸荠、菱角等水生蔬菜，有利于打造环鄱阳湖特色水生蔬菜产区。

2. 有闻名全国的特色蔬菜地方品种

江西特色蔬菜品种丰富，水生蔬菜中有余干芡实、广昌白莲、铅山红芽芋、南昌县三江的荸荠等，茄果类蔬菜中有余干辣椒、瑞金紫茄等。余干县芡实种植面积稳定在 12 万亩左右，是国内芡实种植面积最大的县之一。铅山红芽芋种植面积达 10 万亩，铅山县成为华东地区规模最大的红芽芋基地，被誉为“中国红芽芋之乡”。以广昌为中心，分布于广昌、石城、宁都、南丰、宜黄、黎川、瑞金、永丰等县区，形成了全国最大的子莲产区，种植面

---

* 本文于 2021 年 5 月 17 日获时任副省长肯定性批示。

积达50万亩，种植面积和产量占全国子莲的90%以上。

截至2020年底，江西在农业农村部登记的蔬菜类（含食用菌类3个、花卉类广昌白莲1个）农产品地理标志有23个（表1）。

表1　江西省国家地理标志农产品蔬菜类名单

产品名称	产地	登记年份	产品名称	产地	登记年份
瑞昌山药	九江市	2010年	怀玉山马铃薯	上饶市	2013年
生米藠头	南昌市	2010年	余干鄱阳湖藜蒿	上饶市	2013年
黎川茶树菇	抚州市	2010年	铅山红芽芋	上饶市	2013年
广昌白莲	抚州市	2010年	上高紫皮大蒜	宜春市	2013年
临川虎奶菇	抚州市	2011年	宜丰竹笋	宜春市	2013年
南城淮山	抚州市	2011年	抚州水蕹	抚州市	2015年
乐安竹笋	抚州市	2011年	余干芡实	上饶市	2018年
井冈竹笋	吉安市	2011年	黎川草菇	抚州市	2018年
上饶青丝豆	上饶市	2011年	东乡萝卜	抚州市	2019年
登龙粉芋	吉安市	2011年	东乡葛	抚州市	2019年
临湖大蒜	上饶市	2011年	德兴葛	上饶市	2020年
余干辣椒	上饶市	2011年			

数据来源：全国农产品地理标志查询系统。

3. 有绿色生态的特色蔬菜价值名片

绿水青山就是金山银山，优良的生态环境是地域化产品特色蔬菜最好的宣传。2019年，江西森林覆盖率达61.16%，居全国第2位，仅次于福建。2017年，国务院批复江西为首批国家生态文明试验区，打造美丽中国“江西样板”。江西好山好水好空气，使江西具有得天独厚的发展特色蔬菜的生态环境。绿色生态是江西的最大财富、最大优势、最大品牌，江西发挥绿色生态优势，培育绿色发展新动能，推动绿色产业发展升级义不容辞。

二、当前江西特色蔬菜产业发展存在的不足

1. 规划引领不够，省级层面的特色蔬菜发展规划亟待出台

为推动全省蔬菜产业高质量发展，2020年江西省出台了《关于推动江西省蔬菜产业高质量发展的实施意见》，要求各地依托资源禀赋，因地制宜，重点发展知名度高的地理标志产品。当前，少数设区市和县（市、区）将特

色蔬菜纳入了发展规划。例如，《赣州市蔬菜产业发展规划（2017—2025年）》、《兴国县蔬菜产业发展规划（2018—2025年）》。但全省特色蔬菜发展还缺乏规划引领，整体上如何布局，还不太明确，各地的主打品种以及配套支持政策也还不够清晰，一定程度上影响了产业整体水平的快速提升，迫切需要从战略高度加强研究与规划设计。

2. 特色资源流失，地方特色蔬菜品种逐渐减少

由于在市场上选购蔬菜新品种比较经济方便，农民选种、留种的兴趣逐渐消失，许多地方老品种于是被新品种逐步替代，地方老品种逐步丧失。此外，在同一地区多年种植的老品种自身的优良性状会逐步退化，不少瓜类蔬菜出现严重的混杂与退化现象，抗病抗逆性降低，产量下降，久而久之，许多瓜类老品种也自然退出了种植舞台。在这种情况下，由于对地方老品种的保护、利用及研究重视程度还不够，因此许多地方老品种正在消失。

3. “地标”认证不足，蔬菜地理标志产品数总量偏低

截至2020年，我国已颁证的地理标志农产品共有3 090个，其中江西97个，仅占3.14%。从蔬菜类农产品地理标志来看，全国蔬菜类地理标志农产品数有531个，其中江西19个（不含食用菌类3个、花卉类广昌白莲1个），占比3.58%，占比较低。与山东（69个）、河南（39个）等省相比差距较大，同周边省份湖北（35个）相比也有一定差距。江西蔬菜地理标志产品申报认证数量较少，农产品地理标志现有数量与江西省丰富的特色资源不匹配。

4. 产品质量不稳，特色蔬菜生产科技水平偏低

农产品发展最为关键的因素是农产品的质量。与其他作物一样，特色蔬菜种植受到产区小气候影响，多年超负荷生产，土壤肥力下降，产品品质会下降。同时，江西特色蔬菜生产标准化、机械化水平偏低，病虫害易发都大大影响了特色蔬菜产品的品质。

5. 经营主体不强，特色蔬菜产业竞争能力较弱

在特色蔬菜行业，江西省缺乏从蔬菜种植、加工、仓储、物流运输、销售以及科研组织化和专业化程度都比较高的经营主体。国家级龙头企业、省级龙头企业十分缺乏，大多特色蔬菜经营主体存在生产规模不大、技术力量薄弱和市场开拓能力不强的特征。

6. 品牌知名度不大，特色蔬菜优质价值挖掘不足

江西省特色蔬菜市场占有率低、营销方式落后、品牌认知度不高。特别是作为农产品地理标志的蔬菜，在特色品牌设计和宣传等方面还比较弱，挖掘地理标志蔬菜历史文化内涵，讲好江西地理标志蔬菜品牌故事还不够重视，举措不多。

三、加快江西省特色蔬菜产业高质量发展的对策建议

江西特色蔬菜产业的高质量发展要以特色资源为依托，做大做强一批特色蔬菜优势产业区（带），不断壮大特色蔬菜全产业链。

1. 强化规划引领，加快制定江西特色蔬菜产业发展规划

《全国蔬菜产业发展规划（2011—2020 年）》以及《江西省蔬菜产业发展工程实施方案》对加快江西省蔬菜产业发展发挥了重要的引领作用。“十四五”时期，适应构建以国内大循环为主体、国内国际双循环相互促进的新发展格局的需要，应将江西省特色蔬菜产业打造成为新发展格局中现代农业特色布局的重要战略支点。为此，有必要全面摸清江西蔬菜产业家底，制定《江西特色蔬菜产业发展规划（2021—2025 年）》，明确特色蔬菜总体发展思路，科学布局特色蔬菜主产区。

2. 筑牢种业根基，加强特色蔬菜种质资源保护与利用

（1）构建产学研用紧密结合的商业化育种体系。加大对蔬菜特色种质创新和新品种选育、种子繁育工程的研发和投入，创制优异种质及品种选育技术、蔬菜集约化育苗技术。鼓励种业企业与科研院所深度合作，鼓励和引导社会资本参与种业研发。鼓励科研院所、高等院校、种业企业利用特色种质资源开展新品种选育和产业化开发。

（2）加强特色蔬菜种业生产基地建设。明确要求登记的地理标志农产品或登记证书持有人做好地理标志农产品的保种工作，每年安排地理标志农产品保种专项经费。建立完善特色蔬菜良种繁育基地，保障区域范围良种更新需要。聚焦山药、芡实、莲子、辣椒、芦笋等发展潜力大的特色蔬菜，开展资源普查收集，实现应保尽保。

（3）加强特色蔬菜种质资源保护与利用。依托江西省农作物种质资源库，开展特色蔬菜性状鉴定、评价与保存研究，加快构建特色蔬菜种质资源

保护利用长效机制。建立种质资源表型数据库，挖掘重要农艺性状基因，为育种提供优异的亲本种质。建立江西地方特色蔬菜种质资源圃，构建核心种质资源库，开展种质资源长期安全保护技术、种质性状精准鉴定技术研究。

3. 做大“地标”总量，合力挖掘优势明显的特色蔬菜

（1）推动地理标志农产品上规模强优势。立足区域特色资源，把推进地理标志产品申请、保护和发展作为推动地方特色蔬菜产业发展的重要抓手，将当地特色蔬菜优势产品转化为能够取得实实在在质量效益的特色产业、优势产业和富民产业。

（2）深挖地方特色蔬菜品种资源。不断培育壮大具有一定基础和前景的蔬菜产品，扩大生产规模，严格生产标准管理，将内涵丰富、特色鲜明、发展潜力大的产品列入地标保护产品申报计划和项目储备库。

（3）加强地理标志农产品认证和管理。加大对地理标志农产品申请登记的支持力度，安排专项经费支持地理标志农产品的申请登记工作，提高主体申报地理标志产品的积极性。

4. 强化科技支撑，保障特色蔬菜优质稳产降成本

（1）推进高标准蔬菜基地建设。运用现代灌溉技术，科学设计设施（大棚）类型，推进特色蔬菜生产设施改造升级。支持建设集约化育苗基地，提高特色蔬菜育苗安全性和标准化水平。支持基地田头预冷等商品化处理设施建设，提高特色蔬菜商品质量、减少损耗。

（2）推广运用更加实用的蔬菜生产技术。提高生产者种植特色蔬菜的技能，保障特色蔬菜的产量和质量。全面推行菜菜轮作、粮菜轮作、菜菌轮作、菜肥轮作、湿（水）旱轮作等轮作模式。推广秸秆-食用菌-有机肥、沼液-果（菜）、藕（茭白）-虾（泥鳅）复合种养等生态循环农业模式。

（3）健全蔬菜产品质量安全追溯体系。政府搭建平台，引导各类蔬菜经营主体应用农产品质量追溯系统技术，科学制定生产经营规范，维护好特色蔬菜产品的内在品质和外在形象。

5. 突出主体培育，发挥龙头企业示范引领特色蔬菜发展

（1）扶持一批特色蔬菜生产经营主体。重点扶持蔬菜龙头企业发挥牵头示范引领作用，支持其与小农户建立紧密的利益联结机制，联合产业链各环节主体组建蔬菜产业联盟，推进信息共享、标准统一和产销衔接，壮大特色蔬菜产业链。

（2）培育一批特色蔬菜加工主体。提升江西省特色蔬菜加工能力，加大支持蔬菜科研机构、蔬菜加工企业研发蔬菜加工技术、加工设备。同时，进一步优化投资政策环境，引进一批知名蔬菜加工企业入驻江西，促进特色蔬菜产业链延伸。

（3）创建一批社会化服务主体。鼓励各类主体投资经营特色蔬菜种子种苗繁育、植保专业化统防统治、机械化耕种管理、物流配送、市场信息引导等专业化、社会化服务，积极探索全程解决方案，提高生产的组织化程度，进一步夯实特色蔬菜产业链。

6. 加大品牌宣传，实现特色蔬菜优质优价高效益

（1）提升公共品牌的影响力。以组织农产品博览会、参加品牌推介会、举办新闻发布会、播放媒体广告等形式，讲述江西农产品故事、传承江西农耕文明、传播江西农业文化，让消费者体验源味、留住记忆、记住乡愁，擦亮江西特色蔬菜金字招牌。加快江西品牌蔬菜在全国一线城市布局，提高蔬菜品牌市场知名度。

（2）打造特色蔬菜区域性品牌。重点打造江西省的国家地理标志蔬菜品牌，以生产县（市）为平台，以设施蔬菜、标准化生产为突破口，做大做强一批区域特色蔬菜品牌。

（3）做好县域“菜与文化”融合文章。依托特色蔬菜生长的自然环境、风貌和风光，以及独特的风俗、风情相交融的自然和文化禀赋，进一步开发成优质的地域化旅游产品，通过打造“特色蔬菜镇”实现规模效益、品牌效应，壮大地方特色蔬菜产业。

课题组主要成员：

池泽新　江西省农业科学院党委书记、教授

李　庆　江西省农业科学院农业经济与信息研究所副所长、研究员

陈学军　江西省农业科学院蔬菜花卉研究所副所长、研究员

徐光耀　江西省农业科学院农业经济与信息研究所助理研究员（执笔人）

周开洪　江西省农业科学院党政办主任、研究员
卢　慧　江西省农业科学院农业经济与信息研究所助理研究员
魏建美　江西省农业科学院农业经济与信息研究所副研究员
聂园英　江西省农业科学院农业经济与信息研究所助理研究员

（二）生猪产业

推进香猪产业高质量发展
打造赣南苏区“百亿产业”*

香猪，被称为“吃草的猪”，具有耐粗饲、抗病力强、肉质鲜香的特点。近期，围绕推进香猪产业高质量发展、打造赣南苏区“百亿产业”，江西省农业科学院、赣南科学院、江西农业大学和南昌大学等单位有关专家组成联合调研组进行了专题调研。

一、赣南香猪产业发展迅速，阶段性瓶颈问题开始凸显

2013年，香猪被从高海拔地区引种至赣南扩繁养殖。2019年末，赣南的香猪养殖发展到安远县、上犹县等15个县（市、区），现存能繁母猪3.81万头，年出栏商品香猪50.37万头，正常年份平均每头净利润750元左右；饲料生产、肉品加工与销售、社会化服务等环节逐步实现全产业链融通，参与企业与其他经营主体150余家，全年实现产业经济效益31.25亿元，已经逐步成长为区域性“富民强区”特色产业。随着香猪产业的快速发展，阶段性瓶颈问题开始凸显，主要有：

1. 选育扩繁初显成效，关键技术亟待突破

赣南香猪原种藏香猪，属高原放牧型猪种，成年猪青粗饲料占日粮70%～85%，环境适应能力强，肉质鲜香且富含氨基酸、脂肪酸等营养物质，肉品“生态美味”特征明显。对接南方山区草食畜牧业发展战略和江西省畜牧业供给侧结构性改革要求，赣南山区具有丰裕的养殖场地和农副产品

---

* 本文于2020年4月9日获时任副省长肯定性批示。

资源[①]，已经初步形成以安远县大竹湖生态农业开发有限公司、寻乌县香源农业有限公司等企业为主的养殖联合体，已建设香猪扩繁场1个，经驯化扩繁的香猪适应赣南丘陵山区环境，合群性好，抗逆性强，繁殖力高[②]，猪肉品质稳定并且逐步融入富硒、茶香等赣南“风味”。可以说，选育扩繁初显成效。在此基础上，由于进行香猪选育扩繁高效化的基础是品种纯化和科学化饲养，因此持续开展香猪种质提升与饲喂技术标准创新至为关键。针对引种困难、种群退化变异、生长周期长、肉品品质保障困难等问题，需要致力于种猪核心群建设、饲养模式、饲料配制与精准饲喂技术等关键技术研发，提升猪种品质，为赣南香猪产业夯实发展基础。

2. 绿色发展前景广阔，标准化养殖有待提高

依托特色资源禀赋，赣南丘陵山区已形成“万亩油茶种植、香猪吃草松地、猪粪肥土、茶猪协调发展”的“油茶＋香猪”循环种养[③]、“千亩林地整理、香猪散养”的林下经济发展与林农资产收益兼顾的“连片林草地生态放养”等养殖模式，生猪产业绿色高质量发展前景广阔。当前，由于养殖方式粗犷，经营管理粗放，缺乏香猪散养、圈养的养殖方式及标准，有关疫病风险、免疫程序和防控标准没有系统掌握，致使规模化养殖效率不高、猪肉品质不稳及市场供应能力不强。因此，需要尽快开展香猪规模养殖标准化建设。

3. 社会效益显著，政策支持力度仍待加强

赣南香猪产业发展普遍采用“公司＋合作社＋农户（贫困户）”经营方式，走出了一条龙头企业引领、合作社组团发展、贫困群众持续受益的“大手拉小手”产业扶贫之路。2019年末，赣南香猪产业以直接参与经营、给予资产性收益等方式带动农户533户。其中，联贫带贫159户，户均增收3.71万元。饲料生产、物流运输等环节也为区域提供了较多就业机会，盘活了大龄人口、撂荒地等乡村闲置资源，促进了农村集体经济发展和农户增

---

① 赣南每年约产生脐橙残次果40万吨、甜叶菊废渣10万吨、花生秧15万吨、甜玉米芯及秸秆15万吨，可开发成猪用发酵或青贮饲料替代部分精饲料。

② 赣南香猪扩繁场2019年试验数据：母猪PSY为8～10头，较引种初期水平提高1倍。

③ 脐橙和油茶林下放养生猪，可以达到除草、松土、施肥的效果；平均每亩可以节约劳动力和肥料成本300元以上；按每亩放养3头计算，一亩油茶或脐橙可增加经济收益900元以上；若赣南250万亩油茶林和259.31万亩果园部分采用林下生态放养生猪，效益可观。

收。可以说，香猪产业发展带来的社会效益很大。正因为如此，加之赣南香猪产业正处于爬坡攻坚阶段，龙头企业量少力弱、经营主体组织化程度不高，迫切需要政府在林草地使用、资金投入、技术创新、市场拓展与品牌推广、龙头企业支持、社会化服务体系建设、政策奖补等领域给予全方位支持。

4. 消费市场广阔，品牌建设亟待加强

赣南区位优势明显，毗邻粤港澳大湾区、长三角经济带和海西经济区，“三区”常住人口 3.3 亿人，消费市场潜力巨大；便利的“5 小时交通圈”可以满足消费者对于“热鲜肉”的青睐；高于普通猪肉 30%～70%的定价水平与绿色低脂高品质定位，适合收入水平不断提高的消费者对于猪肉品质和健康的需求。按“三区”常住人口的 10%估算高端需求人口，按高端需求人口人均年消费 1 头计算，每年约有 3 300 万头的潜在高端市场消费量。可以说，市场前景广阔。当前，迫切需要加强品牌建设。目前，除正规注册的“赣南油茶香猪”、“犹香园”等少数品牌外，香猪品牌不统一且多散布于农业企业集合品牌之中，有必要抓紧开展“赣南香猪”地理标志产品申请，倒逼香猪产业自我完善，整合管理、技术、销售渠道，健全覆盖研发、生产和营销服务全过程的质量管理体系。

二、多措并举，打造赣南香猪“百亿产业”

依据“三区”划分，赣南可利用养殖林草地面积约为 47.55 万亩，科学测算载畜量基础上的香猪商品猪可养规模为 285.3 万～332.85 万头。按照正常年份生猪产业规模化发展速度测算，2025 年赣南香猪出栏量将达 300 万头，产业综合产值超过 100 亿元。因此，将赣南香猪打造成为“百亿产业”，完全可能。为此，建议如下。

1. 将发展赣南香猪产业列入赣州市“十四五”发展规划

抢抓生猪产业布局优化机遇，出台赣南香猪产业精准帮扶政策，夯实赣南香猪产业发展的标准引领和技术支撑，提高赣南香猪商品化开发利用水平，升级现代畜牧业产业链。

2. 给予赣南香猪“重点特色产业”发展政策支持

将赣南香猪产业定位为区域“重点特色产业”加以扶持，走特色兴农之路。一是兼顾“生猪产业稳产保供与草食畜牧业发展”双重特点，保障养殖用地供应。政府牵头，科学测算载畜量并尽快完善赣南香猪产业发展规划，依法依规明确并简化赣南香猪产业发展用地政策与手续，按照国务院及省、市政府有关保障生猪养殖用地意见，结合草食畜牧业发展规划合理安排养殖用地。二是设立“现代农业（赣南香猪产业）发展基金”，健全金融信贷支持政策。加大财政支持力度，设立“现代农业（赣南香猪产业）发展基金”，撬动银行等金融机构资金，推动赣南香猪产业快速发展。三是精准补贴赣南香猪养殖。按照香猪商品猪出栏头数，合理测算补贴金额，实施“一次性生产者终端补贴”，以提高补贴精度和政策效果。四是支持赣南香猪“地理标志产品”品牌建设。结合赣南丘陵山区得天独厚的环境优势，深入开展产业标准化生产，支持赣南香猪“地理标志产品”品牌建设，建立赣南香猪特色产业集聚区，推进赣南香猪产业向全产业链和价值链高端迈进。五是加强赣南香猪产业发展监管。进一步完善赣南香猪行业协会生产自律监管，强化政府环保、检验检疫与质量监控，高标准推进赣南香猪产业高质量发展。

3. 设立省级“赣南香猪产业标准化发展”重大科技专项

设立“赣南香猪产业标准化发展”重大科技专项，系统开展品种选育、饲料配制、养殖模式、肉品加工与冷鲜配送等环节研发攻关，解决赣南香猪独立谱系建设、饲料配给精细化、养殖方式标准化和肉品加工深度化等关键领域的研究与应用问题。一是建立完善的赣南香猪遗传评估和育种体系。支持赣南香猪标准化扩繁场建设，重点解决赣南香猪种源不足、仔猪成活率低等问题，注重本品种选育培育与杂交选育培育。二是强化赣南香猪特有饲料配制技术研发与推广。结合猪种生产特点与市场需求，专注赣南香猪专用发酵饲料、青粗饲料组合配方以及中草药调理配方研究，及时跟进饲料生产设备研发与应用。三是加强标准化养殖模式示范。开展龙头企业标准化养殖试点，针对规模化养殖规范、“香猪＋油茶＋休闲农业等”循环种养、疫病防范等领域实施“全流程标准化设计与推进”，使之成为可复制、可推广的养殖模式并加以示范推广。

4. 加大赣南香猪商品化开发利用力度

立足把资源优势转化培育为特色产业优势，进一步加大赣南香猪商品化开发利用力度。一是利用高质量实现差异化，获得市场优势。着力增加赣南香猪“鲜肉”供应的同时，通过项目形式鼓励协同创新，不断提高赣南香猪猪肉产品深加工水平，开发利用多元猪肉制品。二是提高赣南香猪经营主体组织化程度，增进市场供需对接能力。政府指导、行业协会支持，筹建“赣南香猪生产联盟”，确保产供销各环节畅通、多元主体价值共创行为协调，提高赣南香猪产业效益。

课题组主要成员：

池泽新　江西省农业科学院党委书记、教授

邹志恒　江西省农业科学院畜牧兽医研究所研究员

苏　州　赣南科学院畜牧研究所研究员

郑瑞强　江西农业大学副教授

丁能水　江西农业大学教授

胡　艳　赣南科学院畜牧研究所副研究员

陈小连　江西省农业科学院畜牧兽医研究所副研究员

章　萍　南昌大学副教授

当前江西省生猪产业质量安全存在的突出问题及对策建议

当前，江西省正处在从传统农业向现代智慧农业转型的关键时期，确保农产品质量安全成为人民群众最关心、最直接、最现实的利益问题。2020年中央1号文件明确提出，生猪稳产保供是当前经济工作的一件大事，同时提出要强化全过程农产品质量安全监管，建立健全追溯体系，确保人民群众“舌尖上的安全”。2015年至今，江西省农业科学院农产品质量安全与标准研究所专门成立工作组，针对江西省生猪产业质量安全现状开展了持续深入调研和风险预警研究。本文依据长期跟踪调研和监测结果，系统剖析当前江西省生猪产业质量安全存在的重点、难点问题，并提出若干对策建议。

一、江西省生猪产业质量安全现状与问题

针对近几年公众关切、监督抽检和媒体炒作反映的抗生素违禁使用和残留超标等生猪产业质量安全重点问题，本工作组从2015—2019年连续五年对南昌市、高安市、丰城市、吉安市、九江市、新余市、樟树市、于都县、莲花县、崇仁县、鄱阳县等22个县（市）的农贸市场、超市和屠宰场进行了深入调研和产品检测分析。调查结果显示，江西省猪肉产品质量安全形势总体稳定，但在生猪养殖过程中仍然存在抗生素不合理使用、多种药物残留甚至超标使用、人药兽用、非法使用违禁药物等突出影响产品质量安全的关键问题，严重影响江西省生猪产业健康可持续和高质量跨越式发展。

1. 药物使用现象普遍存在，违禁药物使用现象屡禁不止

调查结果显示（图1）：在生猪养殖过程中，药物使用现象非常普遍，所有调研猪场均在生猪的疾病预防或治疗过程中使用过抗生素，我们通过评分软件对猪场常用抗菌药、治疗性抗菌药和预防性抗菌药进行了得分评估，发现使用频率排在前7位的药物分别是氟苯尼考、阿莫西林、替米考星、磺

胺类、恩诺沙星、头孢噻呋、多西环素。药物使用频率高是造成生猪产品中药物残留的一个重要因素，这不但会造成细菌耐药性的发生，同时也会造成药物超标引起的毒副作用，如过敏、休克、流产、不孕等。

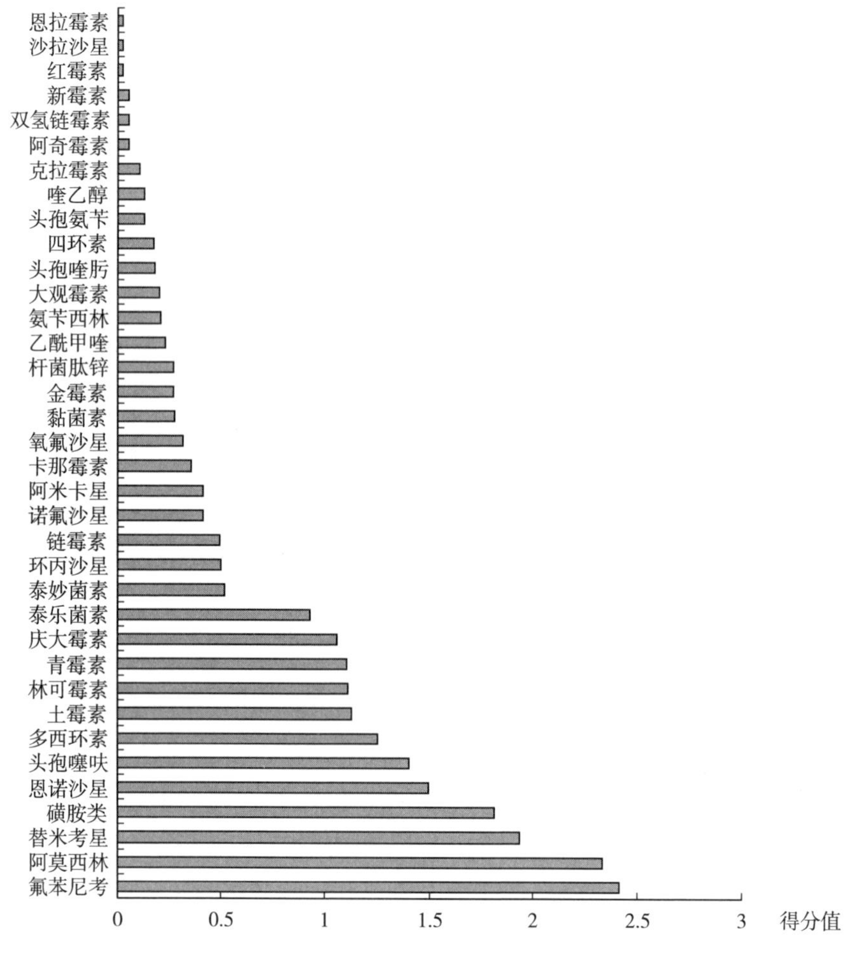

图1　江西省生猪养殖过程中抗菌药物使用现状调查结果

产品监测结果表明：通过对猪肉产品（猪肉、猪肝、猪肾）中28种重点药物连续五年的监测结果发现，氧氟沙星、诺氟沙星、阿奇霉素、氯霉素、喹乙醇、金刚乙胺存在违法使用情况（上述药物检出即违法），产品中的违禁药物残留在一定程度上危害了消费者身体健康，严重的会造成消费者发热、头疼、恶心、呕吐、休克等症状，长期摄入甚至有致癌、致畸胎等副作用。

导致这一问题的主要原因：一是国家允许使用的兽药种类少，尤其是抗病毒药物，养殖户为降低疾病带来的损失，主客观上都存在违禁使用药物的现象，导致违禁兽药的零星检出；二是缺乏安全用药指南，无法指导现实生产实际，很多时候药物还未过休药期，猪就出栏上市了；三是部分饲料和兽药推销人员为了抢占市场，提高销量谋取利益，重点强调自家的饲料、兽药含有特殊功效的“小药包”，其实里面就是含有抗菌药甚至违禁药物成分，养殖户在完全不知情的情况下使用了药物；四是监管力度不大，且存在一定的“盲区”，监管部门很多抽检任务只是针对几种主要的药物进行分析，而更多违禁成分因为缺乏检测方法或者未纳入检测名录，使得犯罪分子有机可乘。

不过，总体而言，近五年江西省生猪产品中违禁药物的检出率从 2015 年的 6.57%降到了 2019 年的 0.65%，残留水平从 2.20～1 005.9 微克/千克降到了 0.56～0.72 微克/千克，违禁药物检出情况整体呈现明显好转迹象，产品安全有保障（表 1)。

表 1　2015—2019 年江西猪产品（猪肉、猪肝、猪肾）违禁药物检出情况

年　份	2015	2016	2017	2018	2019
检出/样品数	14/213	10/306	7/253	4/301	2/308
检出率（%）	6.57	3.27	2.77	1.33	0.65
残留水平（微克/千克）	2.20～1 005.9	0.2～9.5	1.1～22.5	0.1～2.05	0.56～0.72

2. 产品中抗菌药物残留超标率逐年下降，但药物多残留问题突出

调查发现，当前江西省猪肉产品中抗菌药物残留风险水平整体较低，处于可控范围。然而，抗菌药物多残留问题突出，虽然药物多残留的猪肉样品中每一种药物残留水平均未超标，但多种药物叠加超标引起的毒性和安全问题值得重点关注。2015—2019 年，对猪肉产品（猪肉、猪肝、猪肾）进行了近 30 种典型抗菌药物的风险评估，结果发现虽然抗菌药物超标率从 2015 年的 1.88%降至 2019 年的 0.32%，但是 2015 年猪肉产品（猪肉、猪肝、猪肾）中残留超过 1 种抗菌药物的样品数占阳性样品总数的 39.13%，而到 2019 年时猪肉、猪肝、猪肾样品中多残留阳性样品比例分别为 50.0%、55.55%和 69.62%，均达到近五年峰值，残留风险值得重点关注和研究（表 2)。

究其原因，主要有：一是春夏、冬季和冬春之交属于猪场疾病多发季节，为预防疾病发生、增强猪的抵抗力，部分养殖户会给生猪注射或在饲料中添加药物进行预防，但又没严格按照休药期规定上市，尤其是过年前后上市的生猪，多种兽药残留现象普遍且日益严重；二是部分饲料生产企业自我宣传其饲料产品兼有保健抗病的特殊功效，在饲料中添加不明成分的兽药，养殖户长期使用这些产品中含有不明药物成分的饲料，导致多种兽药的残留；三是兽药生产企业出于自身利益最大化，为达到逃避报批和增加药物疗效的目的，在产品中非法添加某些药物成分甚至是违禁成分，而标签中未显示说明，导致养殖户在不知情的情况下出现盲目、违规甚至违法用药现象。

表 2　2015—2019 年江西猪肉产品中残留超过 1 种抗菌药物占阳性样品比例

单位：%

年份	2015	2016	2017	2018	2019
猪肉	39.13	40.40	21.82	31.03	50.00
猪肝	—	31.82	32.14	10.53	55.55
猪肾	—	44.44	46.43	44.26	69.62

3. 为规避市场监督检查，“瘦肉精”使用存在“前移”现象

通过多年努力，当前江西省“瘦肉精”违法使用总体得到有效控制，从2015—2019 年江西省猪产品中“瘦肉精”风险预警结果可看出，除 2017 年检出 1 份“瘦肉精”残留外，其他几年均未在猪产品中检出，但仍未完全杜绝。调查发现，江西省“瘦肉精”残留呈现偶发态势，且“瘦肉精”使用存在“前移”现象，即在生猪出栏的养殖前段（育肥中、前期）使用，到出栏时药物基本代谢完全，从而逃脱市场监督检查。针对这类现象，本工作组开发了利用毛发监测养殖前端是否使用“瘦肉精”的快速检测方法，通过实际样品的检测发现，“瘦肉精”在部分养殖场的确存在一定程度“前移”现象，这一现象需引起相关部门的高度重视。

产生这一现象的主要原因：一是越来越多的养殖户充分意识到使用“瘦肉精”的危害，加之开展了针对性强的“瘦肉精”专项整治行动，“瘦肉精”违法使用得到有效控制，整体安全水平较高；二是近两年实施的禁限养区的划定使得很多处于监管盲区的小养殖户和散养户退出养殖行业，进一步减少了可能含有“瘦肉精”的猪产品流入市场的风险；三是极少部分养殖户在经济利益的盲目驱使下，为提高生猪瘦肉率，仍会铤而走险在饲养前端违规使用“瘦肉精”。

表 3　2014—2018 年江西猪产品中 β-受体激动剂预警结果对比

年份	2015	2016	2017	2018	2019
检出/样品数	0/213	0/306	1/253	0/301	0/308
检出率（%）	0	0	0.4	0	0
残留水平（微克/千克）	0	0	1.1	0	0

4. 基层质量安全监管能力弱，相关标准体系不健全

在国家的大力支持下，县（区）乡（镇）镇一级的农产品质量安全监管机构得到了加强，承担了农民质量安全知识培训、质量安全控制技术推广、生产环节质量安全的日常巡查、各项监管措施的督促落实等职责任务。但是，县（区）、乡（镇）质检站工作开展不平衡，相关的技术人员和仪器设备还不健全，有的甚至没有相关的专业技术人员，难以满足新形势下农产品质量安全监管工作的需要。与此同时，现行国家和农业标准还不能完全适应生猪产业发展过程中面临的质量安全监管的新问题、新态势，相关标准的制定工作有待加强。

二、进一步提升江西省生猪产业质量安全的对策建议

（一）加快建立健全兽药残留检测体系和标准体系

一是建立健全兽药检测体系。加快建立从省级到市（县）的纵向多级兽药残留实验室，设立专项资金为相应部门配置相应的检测设备，设置相应的岗位，聘请专业检测人员。二是完善标准化体系建设。进一步研究和完善兽药残留限量标准，尤其是风险评估过程中发现的尚未明确残留限量标准的重点风险隐患因子。三是加强兽药休药期标准和兽药残留检测方法标准的建设。针对兽药残留检测缺乏快速筛查和确认方法等核心关键问题，加大资金投入，整合多方资源，大力培养从事兽药检测的科技人才，加快新兽药休药期和兽药检测方法的研究和制定。

（二）加大兽药残留源头治理力度

一是严格规范饲料、兽药的生产。严禁饲料生产企业使用农业农村部规

定以外的兽药作为饲料添加剂。实施严格的兽药注册审批制度、兽用处方药管理制度，严禁隐性添加违禁药物成分。二是加强畜禽养殖管理。修订畜禽养殖管理规范，制定生猪安全用药指南和技术管控规程。三是开展兽药、饲料市场专项整治行动。针对饲料、兽药中存在的隐性添加、违禁药物、假劣兽药、不规范标签和说明书等违法、违规行为，实施专项整治和重点督查。

（三）加强生猪产品质量安全过程监管

一是继续加大对猪产品中典型违禁药物“瘦肉精”、抗病毒药物、人药兽用等的监管范围、执法力度，坚决严厉打击违法添加“瘦肉精”、滥用抗生素等违法违规行为。二是加强养殖投入品生产和日常使用的管理强度，严格执行市场准入制度，对兽药产品开展定期和不定期的抽检行动，加强春夏、冬季和冬春之交等猪场疾病多发季节的监管。三是强化全过程农产品质量安全和食品安全监管，建立健全追溯机制及体系。

（四）增强养殖户和兽药经营主体的法制意识

一是加大《兽药管理条例》、《饲料与饲料添加剂管理条例》等法律法规的宣传力度，落实生猪养殖场（户）、兽药饲料生产企业质量安全主体责任。二是加强对养殖户的科学培训，科学引导和全面指导养殖户认准正规企业和品牌的商品，从正规渠道购买饲料和兽药。三是加大惩罚力度。严格执行兽药、饲料管理法规，对违法违规使用违禁药物和不执行休药期等行为，严格追究其法律责任。

（五）提升生猪产业质量安全科技支撑能力

一是大力研发并推广环保型饲料和高效低毒兽药产品，实现“产出来”与“管出来”并重。高度重视中草药制剂、微生态制剂、酶制剂等高效、低毒、无公害、无残留的绿色兽药的研制、开发和应用。二是全面开展畜禽养殖过程中药物的快速、高效、无损检测技术和重点关键药物残留代谢规律等的科学攻关，从源头和全过程上把关，解决药物多残留及超标等关键问题。三是加强技术培训与人才培养，大力培养科学养殖、质量管控、精准管理等方面人才，为江西省生猪产业高质量跨越式发展提供坚实的人才保障。

课题组主要成员：

徐　俊　江西省农业科学院农产品质量安全与标准研究所副研究员，江西省情研究特聘专家

陈庆隆　江西省农业科学院农产品质量安全与标准研究所研究员

谢　敏　江西省农业科学院农产品质量安全与标准研究所助理研究员（执笔人）

万余花　江西省农业科学院农业经济与信息研究所助理研究员

周瑶敏　江西省农业科学院农产品质量安全与标准研究所副研究员

彭柳林　江西省农业科学院农业经济与信息研究所副研究员，江西省情研究特聘专家

邬　磊　江西省农业科学院农产品质量安全与标准研究所助理研究员

肖　勇　江西省农业科学院农产品质量安全与标准研究所助理研究员

吴昌华　江西省农业科学院农业经济与信息研究所副研究员，江西省情研究特聘专家

万伟杰　江西省农业科学院农产品质量安全与标准研究所助理研究员

费　丹　江西省农业科学院农产品质量安全与标准研究所助理研究员

魏本华　江西省农业科学院农产品质量安全与标准研究所助理研究员

闵佳玲　江西省农业科学院农产品质量安全与标准研究所助理研究员

余云云　江西省农业科学院农产品质量安全与标准研究所研究实习员

加快推进江西省生猪智慧养殖的对策建议

江西省第十五次党代会提出，大力实施数字经济“一号发展工程”。依靠科技创新促进生猪产业高质量发展，重视运用数字化手段进行智慧赋能，全产业链开展数字化改造，创设适应生猪行业智慧养殖发展新形势的措施，是数字赋能农业转型升级的重点领域。2021 年 5 月至 2022 年 1 月，为准确把握江西省生猪智慧养殖发展实践，江西农业大学与江西省农业科学院组成联合调研组，借助省农技推广中心平台，对 476 家生猪养殖主体进行了问卷调查，对赣州、吉安等 5 个设区市近 60 家不同规模养殖主体进行典型调研，走访了中国农业科学院农业信息研究所、农信互联（江西抚州）、增鑫牧业科技股份有限责任公司等 7 家智慧养殖信息服务或设施制造企业，综合分析研究，提出了加快推动江西省生猪智慧养殖发展的政策建议。

一、江西省生猪生产及智慧养殖发展状况

（一）生猪生产保持良好势头

近年来，江西省着力克服非洲猪瘟等不利因素影响，生猪产能实现快速恢复，产业链条融合完善，坚决扛起“为全国生猪供应作贡献”的政治责任，巩固提升了畜牧业大省和生猪调出大省地位。2021 年全省生猪出栏 2 289.9 万头、存栏 1 646.9 万头，赣州市、宜春市、吉安市等地生猪产能位居前列；年出栏量大于 50 万头的 20 余个县（区、市）主要集中于赣抚平原、吉泰盆地和赣南山区等区域；截至 2021 年 10 月，江西注册登记年出栏万头以上猪场 621 家，数量超过 10 家的县区有 17 个。

（二）智慧农业建设为生猪智慧养殖发展奠定基础

江西省生猪智慧养殖作为全省智慧农业“123＋N”建设系统组成，起步于 2015 年，主要体现为畜禽规模养殖管理、畜禽屠宰管理、畜牧业生产

监测预警、动物防疫监督管理、饲料工业管理、兽药生产经营管理、江西动物检疫电子出证等13个系统建设，省域智慧养殖管控体系框架构设基本完成，生猪产业数字化转型基础进一步夯实。

（三）生猪养殖主体信息技术应用场景丰富

当前江西省生猪产业信息技术应用场景多样，主要体现在养殖环境自动控制、现代身份标识、生产数据自动采集技术、视频监控、自动饲喂等领域。如，87.8%的规模养殖主体采用了控制器等环境监测与控制设备，73.5%的繁育养殖主体采用了B超仪、精子检测仪等生理监测设备，65.3%的规模养殖主体采用了生产控制、物流采购等信息管理系统等。生猪养殖信息化、智慧化水平持续提升。

（四）中大型生猪养殖主体向智慧化跨越发展特征明显

中大型生猪养殖主体是江西省生猪智慧养殖的主力军，且呈梯级跃升态势。一是约有93.9%的中大型养殖主体借助数字化平台，实现不同程度的数字营销、数字管理、数字生产，以发挥组织内外部数据价值的最大化；二是约有6.1%头部大型猪企借助云计算、物联网、人工智能等技术，逐步实现生猪企业内部万物互联，让猪场数据可视化展示并智能化分析，从而为生猪养殖提供更加精准的经营决策与解决方案，实现数字赋能。

二、江西省生猪智慧养殖技术采纳存在的问题

调研发现，当前推进生猪智慧养殖技术采纳的短板具体表现为以下7个方面。

（一）智慧养殖技术认知模糊

基于生猪养殖主体的440份有效问卷数据，65.6%的养殖主体对智慧养殖内容表示“不了解”或“一般了解”，35.4%的养殖主体表示“了解”智慧养殖。且“不了解”的群体主要集中于年出栏5 000头以下养殖主体，认为自己“比较了解”的群体主要来自大规模养殖主体。多样本深度访谈信息显示，当前生猪养殖主体对于智慧养殖的共识理解更多体现为“自动化与信息化结合基础上的智能化”，对于智慧养殖“利用现代化设施设备高效化、便利化、智慧化的完成完整任务，促进产业多维效益精准实现”的准确理解还有差距。

（二）设备可选范围较窄且功能受限

经营主体对于涉农信息产品的使用，在功能的全面性和设备操作的便利性上有着较多的考量，普遍认为当前的涉农信息技术尚且不能较好对接现实需求。如，认为当前质量追溯系统不易操作或易出故障的占比为26.9%、涉农智慧技术信息共享面不够的占比15.6%、后期维护成本较高的占比9.1%等。访谈得知，养殖主体购买的相关设备主要来自广东、山东、湖南等地，且呈现设施成套化、系统化管控趋势，占有较大市场份额的本省企业主要为增鑫牧业科技股份有限公司、奥斯盾农牧设备有限公司等。智慧设备信息获取主要通过同行推荐、设备厂家推介宣传。调研也发现，中大规模养殖主体已经表现出主动与科技服务公司对接，研发适合自身条件智慧养殖技术的倾向。

（三）智慧养殖技术收益存疑

技术采纳主体对于智慧养殖技术收益存在不同看法。44.4%的受访对象认为没有节省人工；20.0%的受访对象认为比原来节省人工，幅度为10%以内。在产量提升方面，22.2%的养殖主体认为采用了相应技术后产量增加幅度在10%以内；6.7%的养殖主体认为采用了相应技术后产量增加幅度在40%以上（图1）。

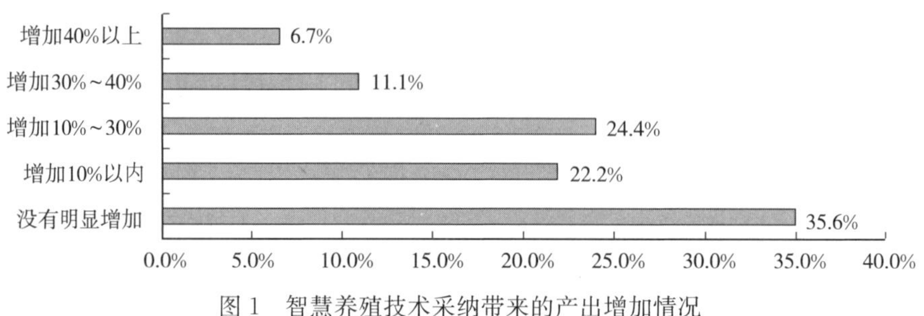

图1　智慧养殖技术采纳带来的产出增加情况

访谈信息显示，设施设备的投入有助于提高效率，但成本投入也是需要考虑的一个重要因素，显性的收益主要体现在降低人工成本方面，当前共识性的判断是使用智慧设备可降低5%左右的人工成本，至于利用智慧设备导致的饲料成本下降（如采用精准饲喂系统）、市场效益提升等，样本养殖主体则表示很难精准测算。

（四）智慧养殖服务供应水平不高

目前主要有三类智慧养殖服务模式：一是大规模养殖集团自行开发，如正邦集团、傲农集团、加大集团等。二是专门的数字服务供应商，如为中大型规模养殖企业提供服务的农信互联，截至调研时日，该企业已在地区服务了近 770 个猪场，覆盖 8 万头基础母猪。三是上游公司嵌入式服务，如上游饲料公司开发智能 APP，在方便客户查询市场信息、进行生产管理的同时，亦有助于自己商品的推介和营销，在生猪智慧养殖服务供应尤其是多元服务主体培育、服务内容增加、服务方式创新等领域仍有较大提升空间。

（五）技术采纳应用场景不清

90.9%的受访对象表示“愿意”接受智慧养殖技术，即便此前选择“不了解”的养殖主体也朴素地认为“如果设备价格合理，还能降低成本，就会采用”，“利用网络养殖应该是以后的方向”。仍有 81.6%的受访对象表示，“感觉智慧养殖技术好像有很多好处，可我们用在哪个地方（环节）呢”，对于智慧养殖技术的应用场景理解不清。

（六）技术采纳影响因素发散

选择“政策支持、配套基础设施”的占比 100%，选择“成本投入”的占比 93.9%，选择“操作技能”的占比 59.2%，选择“经营规模”的占比 91.8%，选择“环境支持”的 98.0%，选择“设备的实用性、操作的便利性等其他因素”的有 83.7%（图 2）。其中，选择“操作技能”因素的主要为规模较大养殖主体，他们认为“培养拥有相关技能的人才”更具长远意义。

在可接受的投资范围上，72.7%的养殖主体接受 50 万元以内的投资，18.3%的养殖主体接受 50 万～500 万元范围内的投资。访谈信息反映，年出栏数量 50 000 头以上养殖主体均表示，“如果能够有助于提高效率，资金投入不是问题”。

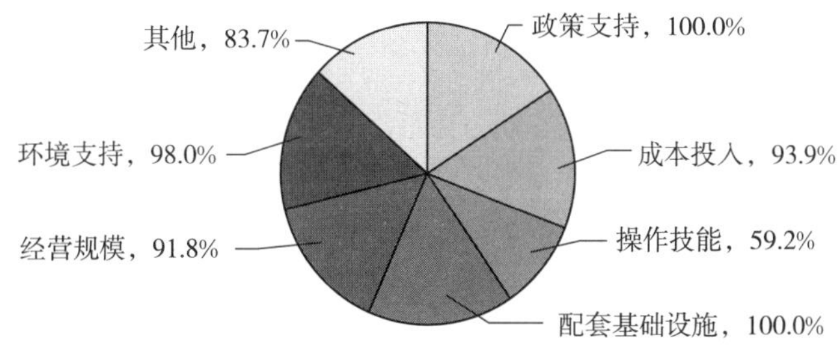

图 2　生猪养殖主体智慧养殖技术采纳影响因素分析

（七）智慧养殖的要素保障仍需强化

一是农村新基建仍需进一步完善，农业信息化、智慧化投入仍需加大；二是专业技术人才缺乏，新技术和新方法无法得到很好的引进和应用；三是农业信息化技术支撑不足，相关产品开发不够，产品质量参差不齐，缺乏统一的技术标准，相关产品及技术需要经过市场的验证；四是信息化设施设备制造水平不高，当前养殖主体偏好“功能多样但操作起来不复杂的智能设施设备”，而这方面的产业制造能力有待进一步提升；五是智慧农业发展的实践探索仍需加强，典型模式总结和典型经验推广的工作力度不够。

三、推进江西省生猪智慧养殖发展的政策建议

结合江西省生猪养殖发展实际，学习浙江、重庆、江苏等省份生猪智慧养殖发展经验，未来江西省生猪智慧养殖应深度融入江西数字经济“一号工程”建设，优化布局生猪产业“制造业延链、科技强链、服务稳链”工作，高质量推进赣鄱特色鲜明的生猪智慧养殖业发展。

（一）着力实施“三基一精”战略

作为系统工程，推进生猪智慧养殖发展应结合区域资源禀赋，依循“夯实基础、抓住重点、梯次推进”发展思路，实施“三基一精”战略：做强适用中大规模企业养殖所需的智慧设施设备制造业，做好智慧养殖设施设备相关的技能人才培训培育工作，做优推进智慧养殖的政策、基础设施等环境服务，力争走出一条符合南方丘陵山区环境特征的精致型智慧农业发展之路。

（二）突出做好“三大工程”

1. 实施生猪智慧养殖环境提升工程

提升网络基础设施水平，协同数字乡村建设，加大新基建建设力度，实现信息通信服务实现按需供给，信息网络应用实现个性定制、供应链精准协同；推动算力资源服务化，依托现有省级智慧农业建设 PPP 项目，优先支持赣州市、吉安市、抚州市等地区做大做强数据中心，筹建“省级生猪大数据中心”，开发和推广相关数据应用产品。制定智慧养殖标准，率先开展“生猪产业信息采集系列性代码编制规则”智慧养殖相关标准规范研究

制定工作，完善设施设备、智能化技术和接口标准，推动数据跨系统共享。

2. 实施生猪智慧养殖应用融合工程

推进生猪智慧养殖企业（基地）建设，支持生猪规模养殖主体、现代农业示范区开展生猪智慧养殖技术集成创新与成果推广，建设一批有特色、产值高的生猪智慧养殖示范基地，加强典型示范带动；加快生猪智慧养殖装备研发，促进信息化技术与生猪养殖设施设备、生产作业、管理服务全链条有机融合，围绕环境智能监测与控制、自动精准饲喂、质量追溯等需求，打造3～5个整机龙头企业引领、中小企业集聚、差异互补发展的“专精特新”农业装备产业集群，在重点主机产品、关键零部件领域分别形成2～3个知名品牌，让养殖主体“用得上、用得起、用得好”；加快生猪养殖装备数字化改造，推广农业机器人等新型设施装备，实现生猪养殖设施设备智能化、作业精准化、管理数据化、服务在线化；积极对接大型农业信息化服务商，制定科学有效的生猪智慧养殖解决方案，研发并优化界面友好、功能多样的APP、智慧管理决策等程序及操作平台，促进信息技术与生猪养殖深度融合。

3. 实施生猪智慧资源共享工程

提高智慧服务生猪产业高质量发展的水平，深化数据资源交换共享，组建数据分析专家协同作业队伍，强化区域全产业链监测预警，合理引导市场预期，深入推进生猪产业智慧管理和智慧决策；加强生猪智慧养殖益农模式探索，推广普及智慧养殖相关知识，积极探索“保险＋科技＋银行＋养殖户”、“企业＋农户＋集体经济＋科技”等智慧养殖模式，紧密生猪产业联农带农强农利益联结机制。

（三）强化生猪智慧养殖“三项保障”

1. 建立健全生猪智慧养殖推进机制

智慧农业是推进农业新旧动能转换的重点内容，应加强组织领导，共同构建“政府引导-平台赋能-龙头引领-机构支撑-多元服务”的“生猪智慧养殖”项目联合推进机制，加强与乡村振兴战略、国家大数据战略等国家重大战略和规划相衔接，明确发展思路、工作重点和目标任务，强化考核监督，统筹推进生猪智慧养殖高质量发展工作。

2. 完善生猪智慧养殖政策支持

设立生猪智慧养殖推进项目专项工作经费，建立政府引导、社会参与的多元投入机制；建立支持不同规模生猪养殖主体应用数字技术的精准补贴机制，鼓励采取以奖代补、政府购买服务、贷款贴息等方式，吸引金融和社会资本投入生猪智慧养殖项目建设，引导金融机构加大对生猪智慧养殖企业和农机企业的信贷投放，完善生猪智慧养殖新型设施设备享受农机购置补贴的相关规定；探索发展农机保险，选择重点智慧养殖类农机品种开展农机保险业务；加强生猪智慧养殖技术、产品和模式等的知识产权管理与保护，加强生猪智慧养殖信息安全政策法规及标准体系建设。各地在编制国土空间规划时要与农业发展规划对接，给予规模性生猪智慧养殖示范企业（基地）用地优先考虑，大力支持养殖主体宜机化改造，为推进生猪智慧养殖创造良好条件。

3. 加强生猪智慧养殖人才培养

依托涉农高校、职业学院、科研机构和大型农企，创建生猪智慧养殖专业技术人才继续教育培训基地；瞄准中大型生猪养殖主体，开展新型智能化设施设备应用技能培训，大力培养复合型智慧农业技能人才；推动高校、科研院所面向农机装备产业转型升级开展研究与实践，协同推进生猪智慧养殖专业技术人员培养与关键技术研发。

课题组主要成员：

郑瑞强　江西农业大学副教授，江西省情研究首席专家

彭柳林　江西省农业科学院副研究员，江西省情研究特聘专家

季华员　江西省农业科学院副研究员，省生猪产业技术体系岗位专家

余艳锋　江西省农业科学院副研究员，江西省情研究特聘专家

张庆生　江西省吉安市农技推广中心高级畜牧师

胡　艳　江西省赣州市畜牧水产所高级畜牧师

丁能水　江西农业大学教授，省生猪产业技术体系首席专家

（三）油菜产业

推动江西油菜产业高质量发展的对策建议

油菜是世界四大油料作物之一，由于其抗逆性强，适应范围广，我国油菜种植面积常年稳定在 1 亿亩左右。江西地处长江中下游冬油菜主产区，油菜播种面积约占全省油料播种面积的 70%，总产约占全省油料的 55%，已成为江西省种植面积第二大农作物和最大的油料作物。2020 年全国食用植物油自给率不足 40%，需要大量进口才能满足国民需求。推动江西油菜产业高质量发展，对保障我国食用油有效供给具有重要意义。

一、江西油菜产业发展现状

1. 种植面积、总产均呈现阶段性特征，单产稳步增长

据国家统计局数据（图 1），1978—2018 年江西省油菜籽种植面积、油菜籽总产量呈现先升后降再小幅上涨到稳中趋降态势。2015—2019 年江西油菜籽种植面积基本保持在 500 千公顷左右，全国排名第 5 位；油菜籽总产量基本保持在 70 万吨左右，全国排名第 6 位。1998—2018 年江西省油菜籽单产一直处于增长态势。2015—2019 年江西油菜籽平均单产维持在 1 367 千克/公顷上下，远低于全国近 5 年平均单产的 1 984 千克/公顷，全国排名第 24 位，提升空间巨大。

2. 油菜规模种植户收益趋稳，规模生产效益凸显

选取南昌县油菜规模种植户和湖口县油菜种植散户各 15 位固定农户开展 2015—2019 年追踪调查数据显示（表 1），近 5 年，江西省油菜种植收益基本稳定。从亩纯收益来看，规模种植户亩纯收益基本稳定在 400 元上下，

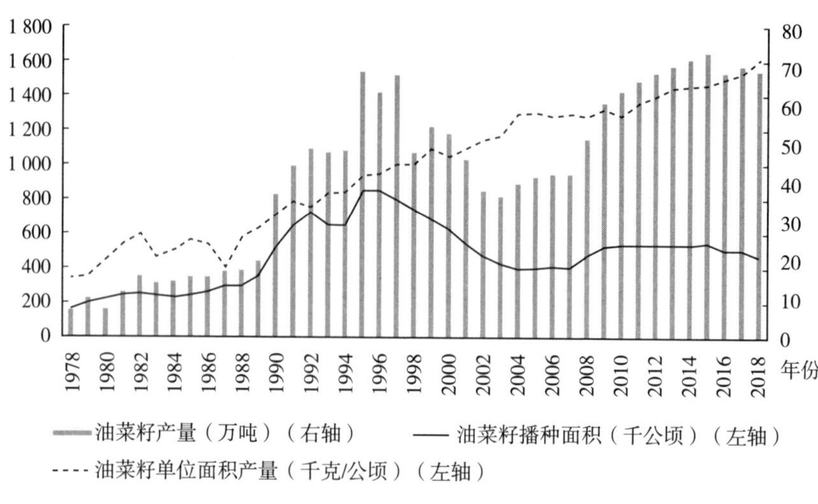

图 1　1978—2018 年江西省油菜籽总产量、种植面积及单产走势

散户亩纯收益稳中略增，超过 200 元；从亩均成本纯收益率来看，规模种植户亩成本纯收益率超过 100%，散户则在 50%上下，且 2016 年湖口县油菜开花期遭遇低温，散户油菜种植亏损。规模种植户抗风险能力强于散户，规模生产效率凸显。

表 1　2015—2019 年南昌县、湖口县油菜种植成本收益情况

南昌县规模种植户						
项目	单位	2019 年	2018 年	2017 年	2016 年	2015 年
亩产	千克/亩	112	111	101	136	133
总产值	元/亩	713	748	712	925	878
总成本	元/亩	335	337	328	453	387
纯收益	元/亩	378	411	384	472	491
亩均成本纯收益率	%	113	122	117	104	114
湖口县种植散户						
项目	单位	2019 年	2018 年	2017 年	2016 年	2015 年
亩产	千克/亩	148.73	135.96	138.7	90.53	151.47
总产值	元/亩	706.47	673	686.57	360.3	679.31
总成本	元/亩	456.9	463.4	468.12	366.9	402.63
纯收益	元/亩	249.57	209.6	218.45	−6.6	276.68
亩均成本纯收益率	%	54.62	45.23	46.67	−1.8	68.72

3. 一二三产业融合发展取得明显成效

近年来，全省各油菜主产区因地制宜开展了“菜油两用”、“花油两用”、“绿肥油菜”、“饲料油菜”等试验示范，探索出油用、花用、菜用、蜜用、肥用以及饲用等油菜多功能综合利用模式，基本实现了“一菜多用”。此外，全省各油菜主产区依据当地特色，拓展油菜产业功能，形成“接二连三”的互动型、融合型、全产业链发展模式，探索出以瑞昌市为代表的“加工企业＋基地＋农户”、“电商销售企业＋合作社＋农户”等利益链接模式和订单生产模式，以都昌县为代表的“油菜种植＋油料加工＋生态旅游”模式，以婺源县为代表的“油菜花蜜肥饲一作多用＋乡村旅游模式”等。

4. 绿色生产技术示范推广工作取得重要进展

一是主推油菜品种得到广泛认可。经过多年的油菜高产品种展示及配套栽培技术试验示范，江西省发布了适宜各地区的主推高产油菜籽品种，如，赣油杂8号、大地199、华油杂62、阳光2009、浙油50、沣油737、赣油杂50、赣油杂1009、浔油9号、阳光131、丰油730。二是油菜绿色生产技术得到有效推行。江西省先后印发《江西省2019/2020年度油菜生产技术指导意见》和《江西省油菜绿色高质高效模式攻关技术方案》，明确了绿色高质高效主推技术，促进油菜绿色种植技术在全省应用，并在瑞昌市、都昌县、婺源县、安义县和稻油轮作示范县实施二熟制油菜“345”绿色高效技术模式示范攻关，且连续6年每年组织一次全省性培训观摩会，开展现场培训。

二、江西油菜产业发展面临的主要问题

1. 科技创新水平偏弱，新品种新技术研发不足

一是经营主体绿色生产意识偏弱。目前留守农村从事油菜种植的劳动力多为老、弱、妇女。据抽样调查，江西省从事油菜生产的农户平均年龄55岁，接受新技术的能力与意愿不强，缺乏绿色安全生产意识。二是科技创新缺乏持续稳定的大项目支持。相对于其他油菜大省，江西省油菜研发的财政支持非常有限。国家油菜产业技术体系在江西设立了国家油菜产业技术体系1个岗位和3个试验站，虽然给予稳定支持，但主要任务侧重在配套栽培技术研究和良种良法的技术集成与示范，对品种改良支持缺乏。三是油菜新品种（组合）、新技术和病虫害高效防治技术缺乏。主要表现为适合江西

省各区域种植的三熟制早熟优质高产油菜新品种依然缺乏；高抗菌核病品种、抗裂荚适机品种严重缺失，导致油菜菌核病重发和机收损失率高；针对油菜病虫草害的防治药剂，防治效果普遍不够理想，缺乏对靶标高效防治的新药剂；适合全省推广的轻简化高效栽培技术缺乏。

2. 全程机械化程度较低，农机适配性差

一是规模化程度低。江西省南方丘陵山地特征，加之传统自种自食习惯影响，油菜种植多为一家一户人工分散种植。据对全省油菜主产县种植户抽样调查，种植规模在百亩及以下的农户占59%，其中多数不超过10亩；达到百亩规模的农户占35%；达到千亩以上规模的农户占6%。二是先进适用性联合播收机缺乏。适合丘陵旱地油菜机播、机收的农机研发不够成熟。目前推广油菜联合播收机基本上是在原有水稻播收机基础上改装而成，适用性较差，机收损失率达8%～10%。三是机械化程度低。目前适用的小型播收农机少，许多地方仍采用传统的人工耕地条播、穴播、撒播方式，油菜机械播种环节落后明显。2017年，江西油菜耕种收综合机械化水平64.31%，而机播水平仅为36.33%。四是秸秆全量还田问题突出。在秸秆禁烧政策下，江西省秸秆全量还田及稻草灭茬技术落后，机直播适应性较差。主要表现在，前茬水稻收割后稻桩高度增加了油菜开沟等农艺环节的难度；在前茬秸秆滞留的稻田内进行播种，严重影响出苗率、成苗率，一播全苗难度大，若旋耕一次后进行播种，影响播种进度，且会提高播种成本。

3. 精深加工能力不足，全产业链不完善

一是产业一体化程度低。江西省油菜产业链上下游产能不匹配，生产能力主要集中在种植环节，精深加工领域产能不足，多数油菜籽加工以乡村榨油作坊和小型榨油厂居多，规模化加工厂偏少。如，2008—2019年都昌县虽然升级改造小榨油坊达50户，但形成规模的加工厂基本没有，且缺乏注册品牌。加工产品单一，资源利用率低，没有形成完整产业链。二是菜油品牌效应不显著。目前，江西省菜籽油上市销售的品种很多，但品牌效应不显著，龙头企业缺乏且带动能力不足。据牌子网2019年9月对全国菜籽油的排名情况，前20位中江西省虽占两个，分别是排名第17名的红号菜籽油（吉安）与排名第19名的承康菜籽油（新干），但均不是全国知名品牌。而排名前15位中湖南省就有4个，其中全国知名品牌有3个，包括两家A股上市公司。三是采后干燥贮藏能力不足。适合种植大户、专业合作社使用的中小型多功能油菜籽采后干燥机械装备十分缺乏；现有干燥技术尚存在干燥后油料品质差、能耗高等问题。而油菜收获季潮湿多雨，缺乏高效安全的贮藏设施，导致油料产后损失严重，存在食品安全隐患。

4. 市场营销较封闭，油菜籽市场流通缺乏活力

一是油菜籽市场流通活力不足。江西省油菜籽流通渠道传统，收购主体以本地小作坊和个体商贩为主，易造成市场信息不对称和销售渠道狭窄，油菜种植户整体议价能力不足，油菜籽价格常年维持在低位。二是油脂加工企业生产成本增加。受限于江西省油菜单产和出油率较低、市场油菜籽优等品种缺乏以及自产自销自用的市场格局，省内油菜籽市场长期处于供需不平衡状态，大型加工企业难以得到数量充裕和质量一致的本地生产原料，往往需要从湖北、湖南等邻省调运一定数量的油菜籽，增加了企业生产成本。

5. 区域间发展不平衡，油菜多功能利用科技支撑不足

一是部分赣中北优势油菜产区产业发展相对滞后。江西省处于长江中下游冬油菜主产区，根据油菜的生长特性和江西省地理气候特点，赣中北地区油菜产量相对较高。但上饶和抚州地区的油菜产业发展相对滞后，油菜发展空间很大。二是部分区域油菜多功能利用科技支撑不足。近年来，随着油菜多功能利用工作推进，赣南地区油菜菜薹、观花和蜜用等市场需求较强，油菜多功能利用前景看好，当地政府出台一系列措施鼓励扩大油菜种植面积，但江西省从事油菜研究的科研力量对赣南地区的科技支撑明显不足。

三、对策建议

粮油事关国计民生。菜籽油作为我国两大类食用植物油之一，破解产业发展难题，推动油菜产业高质量发展，大幅度提高油菜增产保供能力，才能有效缓解油料供需矛盾和进口压力，提升粮食安全保障能力。

1. 提高生产技术效率，大力推广绿色高质高效技术

一是提高基层农技人员和新型农业经营主体技术水平。通过技术培训、科技特派团、农业大讲堂、现场观摩、示范基地等示范推广，以点带面，将油菜良种良法配套技术深入到千家万户。二是构建“四全”机制。探索构建“全环节”绿色高质高效技术模式，“全过程”社会化服务体系、“全产业链”

生产模式，辐射带动“全县域”生产水平提升，努力增加绿色优质油菜供给。三是提高农业经营主体绿色生产意识。贯彻“公共植保、绿色植保”理念，切实提高经营主体绿色防控意识，使之综合利用“农业防治、物理防治、生物防治”等措施，实现“科学选药、科学用药、轮换用药”。

2. 强化政策扶持引导，推进油菜全产业链打造

加大对油菜籽生产保护区的扶持力度，出台系列扶持油菜全产业链的激励政策。一是实行价格补贴。落实产油大县奖励资金，对优质良种和低毒低残农药进行价格补贴，或可考虑向规模种植户免费发放，实行统一供种供药。二是实行农机作业补贴，提高农机具购置补贴比例。支持种植大户进行机械化生产，对采取机直播模式的种植户给予免费供种、供肥，鼓励集中连片种植，形成规模优势。鼓励农户购置油菜耕、种、收全程机械化农机具及配件，推进油菜生产机械化进程。三是鼓励地方政府出台激励政策。如，安福县 2018 年出台《安福县油菜产业发展实施意见》、《安福县农业产业发展基金奖补办法》，当年全县油菜种植机械化开沟整地率达 90%以上，机收率达 75%以上。四是以项目促进油菜多功能开发利用。以江西省九大农业产业发展工程为依托，构建“油菜+”综合种养模式，加大油菜多功能利用项目开发力度，用项目撬动社会资本，促进各行业积极参与油菜全产业链开发。

3. 加强科技创新力度，研发油菜新品种、新技术

一是设立专项资助。重点鼓励开展油菜新品种选育、轻简化、机械化生产和油菜籽产后贮藏、品质保持和加工等关键技术研究。对发展前景看好和地方政府大力推动、支持的区域性油菜产区，设立区域研发专项，引导科研力量参与区域油菜产业发展。二是培育油菜新品种。重点研究与开发抗根肿病、高抗菌核病、耐渍与抗灾、抗裂荚适机收品种，极早熟高产机械化品种，高端功能型菜用品种与花色鲜艳、花瓣大、花期长的观花专用品种。三是加快油菜轻简化绿色高效种植技术研发、推广。着力推广全程机械化、轻简高效栽培技术、精量直播同步施肥种植技术、直播配套技术、一次性施肥技术、灭茬技术和主要病虫害关键防治技术，重点支持生物防治、物理防治等环境友好型防治技术的相关基础研究。重点攻关在国庆、元旦期间盛花的反季观花油菜生产技术，延长油菜花期的间作套种（栽）栽培技术。

4. 提升生产规模效率，研发适宜农机装备

一是促进油菜集中连片适度规模经营。结合江西省高标准农田建设，统筹油菜规模化集中连片种植，并实施农业生产补贴倾斜，降低生产成本。二是强化农机农艺相融合。农机农艺部门联合开展技术攻关，研究制定科学的油菜机械化生产技术模式、技术路线和技术规范，推进标准化生产。三是大力研发先进适用性农机。加速研制适应江西不同地域、不同茬口和不同品种的油菜精量穴直播机、稻油兼用型气力式直播机。同时，研发稻草全量还田下的直播全苗、齐苗和匀苗的有效解决方案和适应规模化生产的种植、管理和收获机械。

5. 重视品牌创建，培育龙头企业

一是重视油菜加工技术和产品开发。加快油菜籽榨油技术升级，主推先进的脱皮冷榨膨化技术，提高菜籽油品质。加大油菜系列产品开发力度，研发高端畅销产品，如富硒油菜薹、高油酸食用油和油菜花蜜等。二是培育本地特色菜籽油龙头生产企业。对基础较好的菜籽油加工企业或是优质菜籽生产基地企业，鼓励其做大做强，从政策、金融贷款、企业管理、技术平台等方面给予支持。三是创建江西双低菜籽油品牌。以食品安全可追溯和市场交易信息为抓手，提升整体产业科技含量水平，打响江西双低菜籽油品牌。四是推广油菜多功能利用新业态。加强科研、生产、养殖、加工、旅游业等部门的协作，打造具有区域特色的油菜产业发展新业态，如，婺源地区可发展“观花＋高端菜籽油＋蜂蜜＋菜薹采摘活动”模式、环鄱阳湖和吉泰平原地区可发展“规模化种植＋大型菜油加工企业＋菜薹深加工＋绿肥培田”模式、井冈山周边地区可发展“特色功能型菜薹＋地方土榨菜油＋红色文化教育”模式，有序引导农户参与全产业链建设，推动三产融合发展。

课题组主要成员：

池泽新　江西省农业科学院党委书记、教授
余艳锋　江西省农业科学院农业经济与信息研究所副研究员（执笔人）
王长松　江西省农业科学院农业经济与信息研究所助理研究员
付江凡　江西省农业科学院农业经济与信息研究所所长、研究员
彭柳林　江西省农业科学院农业经济与信息研究所助理研究员

戴兴临　江西省农业科学院作物研究所所长、研究员
张　洋　江西省农业科学院作物研究所副研究员
周海波　江西省农业科学院农业经济与信息研究所副研究员
余永琦　江西省农业科学院农业经济与信息研究所研究实习员
聂园英　江西省农业科学院农业经济与信息研究所助理研究员

（四）食用菌产业

江西食用菌产业发展现状、问题与建议*

江西栽培食用菌历史悠久，赣菇是我国四大传统名菇之一，享誉古今中外。2017 年全省食用菌总产量 127.18 万吨，名列全国第 10 位。由于食用菌产业扶贫的推动，全省许多地方如上犹县、余干县、信州区、鄱阳县、乐安县、贵溪市等都把食用菌产业作为扶贫工作的重要抓手，2018 年全省食用菌产量达 129.05 万吨左右，产值约 123.97 亿元。江西省食用菌主栽品种有茶树菇、平菇、香菇等，其他珍稀菇种也在发展之中。目前全省已形成五个优势区：以广昌、黎川为中心的茶树菇生产区；以新余、新干、吉安为中心的香菇生产区；以宜黄、鹰潭、乐安为中心的竹荪生产区；以上饶、余干为中心的猪肚菇、滑子菇和黑皮鸡枞生产区；以赣州、信丰、安远、宜春为中心的金针菇、草菇、杏鲍菇、白玉菇、双孢蘑菇生产区。虽然近几年，江西省食用菌产量逐年上升，但在全国食用菌产业中的地位却与江西农业大省地位不匹配。因此，有必要对江西省的食用菌产业现状、存在问题进行系统分析，构建现代食用菌产业体系、生产体系、经营体系及其配套的技术体系、政策体系等，为江西省食用菌产业提质增效提供支撑。

一、江西省食用菌产业发展现状

（一）我国食用菌产业在世界的位置

食用菌味道鲜美、营养丰富，被联合国粮农组织誉为 21 世纪的健康食

* 本文于 2019 年 5 月 22 日获时任鹰潭市委书记肯定性批示；于 2019 年 5 月 24 日获时任鹰潭副市长肯定性批示。

品。世界上食用菌的规模生产已有 100 多年，近 40 年更是以每年 10%的增幅迅猛发展，成为世界性生产、加工和消费的健康食品。2017 年世界食用菌产量约 5 100 万吨，欧美等发达国家主要工厂化周年生产双孢蘑菇、金针菇等食用菌，产品质量、加工水平和经营水平较高。世界食用菌出口贸易主要集中于中国、荷兰、波兰、爱尔兰，4 国出口国际市场占有率约为 78%。

我国是目前世界上最大的食用菌栽培、加工、贸易与消费的国家，在食用菌栽培品种、产量和从业人员数量等方面均居世界第 1。自 2006 年以来，我国食用菌产量、产值均呈上升态势，其中产值的增长速度快于产量的增长速度。2017 年全国食用菌产量达 3 619.05 万吨，产值 2 813.66 亿元，分别较 2006 年增长 145.51%，340.52%。食用菌产业从种植业中异军突起，成为我国粮、油、果、蔬、菌五大种植业支柱产业之一。我国大宗食用菌品种主要有：香菇、平菇、黑木耳、金针菇、双孢蘑菇、毛木耳、滑子菇、杏鲍菇、茶树菇、银木耳等。

我国食用菌产业实现了南菇北移和东菇西移的大格局，但地域差异明显，食用菌的主产省份主要有：河南、山东、黑龙江、河北、福建等，这些省份的产量均超过了 250 万吨（表 1）。

表 1　2017 年我国食用菌主产省份产量及产值情况

省份	产量（万吨）	排名	省份	产值（亿元）	排名
河南	520.00	1	河南	387.50	1
山东	393.00	2	山东	264.00	2
黑龙江	324.35	3	河北	213.03	3
河北	291.89	4	黑龙江	204.79	4
福建	256.00	5	吉林	180.51	5
吉林	230.12	6	江苏	170.43	6
江苏	220.15	7	福建	165.00	7
四川	205.56	8	云南	130.08	8
湖北	139.12	9	江西	122.12	9
江西	127.18	10	四川	120.05	10

数据来源：《中国食用菌产业年鉴》。

食用菌生产“短、平、快”，具有“不与人争粮、不与粮争地、不与地争肥、不与农争时”的特点，许多地方将其当作产业扶贫的典型大力推广。

据农业部对全国592个贫困县产业扶贫情况的调研，其中有420个县开展了食用菌产业扶贫，占比超过70%。因此，未来一段时间，我国食用菌产业仍将保持一定的增长趋势，但是产业链短，技术短板突出，盲目扩张留下了潜在风险，尤其是大量资本进入食用菌产业，造成生产过剩、供过于求，将加速食用菌产业的洗牌。

（二）江西省食用菌产业在全国的位置

1. 江西省食用菌产业规模

江西栽培食用菌历史悠久，赣菇是我国四大传统名菇（赣菇、浙菇、闽菇和徽菇）之一，享誉国内外。从2002年开始，江西省食用菌产量呈现逐年增加的趋势，但在全国食用菌产业的地位起伏较大，排名由2002年的第12位降至2009年的第16位，随后排名陆续上升（表2）。2017年食用菌总产量127.18万吨，产值122.12亿元，产量在全国名列第10位。由于食用菌产业扶贫的推动，全省许多地方如上犹县、余干县、信州区、鄱阳县、乐安县、贵溪市等都把食用菌产业作为扶贫工作的重要抓手，如上犹县2018年新上食用菌215万袋，可产鲜菇约0.086万吨；江西省鲜禾生态农业发展有限公司在信州区、余干县两地正在建设年产9 000万袋的菌包生产线，2018年生产菌袋达3 000万袋，全年可产鲜菇约1.2万吨。因此，估计2018年，全省食用菌产量达129.05万吨左右，产值约123.97亿元。

表2　2002—2018年江西省食用菌产量及在全国的排名

年份	食用菌产量（万吨）	全国排名
2002	31.3	12
2003	23.23	13
2004	23.23	14
2005	42	13
2006	45.01	14
2007	51.1	15
2008	55	15
2009	60.11	16
2010	69.5	15
2011	76.81	13
2012	88.71	13

（续）

年份	食用菌产量（万吨）	全国排名
2013	98.28	13
2014	106.24	12
2015	110.54	9
2016	110.97	10
2017	127.18	10
2018	129.05	10

数据来源：《中国食用菌产业年鉴》，2018 年数据来自体系调研预测。

2. 江西省食用菌生产品种

江西省食用菌品种主要集中在大宗菇类，茶树菇、平菇、香菇、双孢蘑菇、黑木耳、杏鲍菇等品种产量较大。尤其是茶树菇，不仅产量高，占全国的比重达 50.36%，可谓全国茶树菇的“半壁江山”；而且品质优，成为周边福建地区茶树菇进货的对象。但调研发现，江西省茶树菇生产有所下降，如广昌 2017 年制作菌包产量达 2.2 亿袋，而 2018 年只有 1.8 亿袋，原因主要有：一是市场上食用菌品种增多，替代产品较多，冲击了其市场份额；二是城市化和农村青壮年劳动力转移到其他行业，从事生产的劳动力减少。值得一提的是，江西省的海鲜菇、鸡腿菇、灵芝、竹荪等珍稀品种产量虽然不及大宗菇类，但占全国的比重却不低，海鲜菇占全国总量的 21.34%，鸡腿菇占全国总量的 19.19%，灵芝占 13.39%，竹荪占 10.34%（表 3）。

表 3　2017 年江西省主要食用菌品种产量及排名

食用菌品种	江西产量（吨）	产量排名	全国总产量（吨）	占全国的比重（%）
茶树菇	330 511	1	656 321.98	50.36
平菇	281 028	2	5 315 061.13	5.29
香菇	207 375	3	8 933 376.26	2.32
双孢蘑菇	99 231	4	1 969 690.69	5.04
黑木耳	78 372	5	7 297 686.35	1.07
杏鲍菇	67 472	6	1 444 501.54	4.67
毛木耳	45 153	7	1 740 486.47	2.59
海鲜菇	37 796	8	177 149	21.34
鸡腿菇	27 867	9	145 183.05	19.19

（续）

食用菌品种	江西产量（吨）	产量排名	全国总产量（吨）	占全国的比重（%）
金针菇	25 117	10	2 437 121.86	1.03
灵芝	18 086	11	135 085.09	13.39
草菇	16 148	12	182 235.47	8.86
竹荪	13 823	13	133 632.55	10.34
真姬菇	7 425	14	189 223.99	3.92
其他	7 286	15	3 400 986.9	0.21
大球盖菇	2 894	16	31 526.19	9.18
秀珍菇	1 625	17	445 056.99	0.37
滑菇	1 345	18	647 139.66	0.21
姬松茸	1 223	19	52 129.59	2.35
茯苓	741	20	39 687.54	1.87
猴头菇	524	21	57 836.43	0.91
天麻	502	22	72 602.76	0.69
银耳	127	23	385 906.13	0.03
北虫草	102	24	77 414.7	0.13
白灵菇	20	25	54 352.2	0.04
羊肚菌	12.5	26	7 322.14	0.17

数据来源：《中国食用菌产业年鉴》。

3. 江西省食用菌工厂化水平

目前，江西省食用菌工厂化生产企业数量仍较低，据《中国食用菌产业年鉴》显示，2015 年江西省食用菌工厂化生产企业仅有 15 家，约占全国总量的 2.40%，与福建（130 家）、江苏（102 家）、山东（90 家）等食用菌大省相比相差甚远（表 4）。

表 4　2010—2015 年江西省食用菌工厂化生产企业数量及占比

年份	江西（家）	全国（家）	占全国的比重（%）
2010	8	443	1.83
2011	10	652	1.55
2012	13	788	1.67
2013	9	750	1.2
2014	11	729	1.51
2015	15	626	2.40

数据来源：《中国食用菌产业年鉴》。

2017年江西省已有20余家食用菌龙头企业（表5）以及40多家较大规模食用菌专业合作社（国家级、省级示范社），并建立起龙头企业与产业基地、合作社、协会、农户等利益共同体，形成比较稳定的货源基地和销售渠道。但是，食用菌加工企业数量少，技术较落后，多以初级加工为主，深加工较少，产品形式包括干制品、腌制品等，产品单一且附加值低。

表5 江西省主要食用菌龙头企业

抚州	江西利财食用菌开发有限公司、广昌县宏泰食用菌开发有限公司、江西莲乡再生资源开发有限公司、抚州市十方生物科技有限公司、江西利康绿色农业有限公司、抚州市临川金山生物科技有限公司、南城县雷明根菌种厂、金溪县亿丰食用菌有限公司
赣州	兴万家现代农业开发有限公司、天华现代农业有限责任公司、益菌现代农业发展有限公司、江西康丰生物有限公司、东江源珍稀食用菌厂
景德镇	江西惠民食用菌发展有限公司、乐平福乐欣农业科技有限公司、江西远恒菌业有限公司
上饶	江西省鲜禾生态农业发展有限公司
鹰潭	江西方格食用菌开发有限公司
九江	江西仙客来生物科技有限公司
宜春	江西天和食用菌开发有限公司
吉安	新干县塔峰生态食用菌有限公司
新余	新余市欣欣荣农业科技有限公司

数据来源：食用菌产业技术体系根据调研整理。

（三）江西省食用菌产业布局情况

经过多年的产业结构调整，目前江西省形成了五大食用菌优势产区：以广昌、黎川为中心的茶树菇生产区；以新余、新干、吉安为中心的香菇生产区；以宜黄、鹰潭、乐安为中心的竹荪生产区；以上饶、余干为中心的猪肚菇、滑子菇和黑皮鸡枞生产区；以赣州、信丰、安远、宜春为中心的金针菇、草菇、杏鲍菇、白玉菇、双孢蘑菇生产区。以上优势产区的食用菌产量比重占全省食用菌总量的70%以上。其中，生产规模超过1 000万袋的食用菌生产大县包括广昌县、黎川县、安远县、新余市、信州区、余干县等。

二、江西省食用菌产业发展存在的问题

（一）政府支持力度不够

近年来，江西省非常重视食用菌产业发展，省农业农村厅、科技厅通过设立了省食用菌产业技术体系、科技特派团等方式，加强了食用菌产业发展的支持。但是省财政目前还没有安排专项资金用于食用菌产业，仍然统合在蔬菜产业之中；与山东、福建、江苏等省财政每年安排 3 亿元以上的支持力度相比，差距较大；江西省扶持食用菌产业政策尚少，贵州、浙江、河北等省均已出台了食用菌产业扶持政策，如菌袋补贴等。

（二）产业化程度较弱

一是缺乏大型经营主体。目前江西食用菌工厂化企业仅有 20 余家，与福建、江苏、山东等食用菌大省差距巨大；也没有食用菌全国百强企业。二是加工力量不足。极少食用菌加工企业，且主要从事食用菌的烘干包装等传统加工或盐渍食用菌等初加工，高附加值、深加工产品如食用菌功能保健食品、调味品、休闲食品等极少。

（三）经营管理水平较低

一是以小规模家庭分散的粗放经营为主，技术不易规范，产品质量难以控制，市场风险和技术风险较大。二是食用菌品种出现性能下降、品质退化的现象，如香菇、茶树菇等均存在品种退化现象。三是食用菌生产所需的原材料（如棉籽壳、茶籽壳、木屑等）存在价格、运输成本上涨及菌林矛盾等问题。四是生产环节滥用农药的现象时有发生，农药残留问题依然存在。五是设施食用菌配套技术发展滞后，良种良法普及率低，高效栽培技术推广难。

（四）科技创新不足

一是种质资源创新水平较低。与食用菌强省相比，江西省自助选育的品种少。截至 2019 年 3 月，江西省自主选育的食用菌新品种只有 4 个，其中 2 个通过了国家认定，2 个通过了省级认定；商业食用菌种质资源匮乏，专用品种如适合鲜销专用品种和适合加工专用品种稀少；种质资源发掘创新能力不强，储备不足，一些野生的、味道鲜美的食用菌资源（如松乳菇等）急需开展人工驯化研究。二是菌种生产不规范，母种保藏混乱，随意转管和分

离，菌种退化现象严重，直接影响了食用菌产品的质量和产量。三是病虫害防控技术欠缺，对预防工作不重视，不肯投入，容易造成较大经济损失。四是设备技术落后，机械化程度不高，接种、光温水控制、采收等许多环节采用人工操作的较多，随意性强。五是科技创新后劲不足，缺少项目资金支持，技术转化不到位。如许多龙头企业优良菌种使用率小于80%，集约化程度小于50%，研发投入占产值比重低于1%。

（五）品牌较少且弱

赣菇历史悠久，产品质量好，但是知名度低，在国内外市场影响度低，未能打造出江西省的国内外知名食用菌品牌。如广昌县是茶树菇生产起源地，20世纪90年代初期广昌谢远泰研发出茶树菇栽培技术并获专利权，尽管广昌县的产品质量具有优势，但在市场上知名度并不高，广昌县的茶树菇多被福建古田等地收购后以他们的品牌和名义销售，未能发挥其在本省、国内外的品牌效应；黎川茶树菇虽然在品牌建设方面行动较快，其茶树菇获得国家农产品地理标志，但由于其他食用菌市场竞争、生产成本提高、技术进步较慢等原因，黎川茶树菇产业出现一定的萎缩，2018年产量不到1亿袋，较上年下降20%左右，没有发挥出国家农产品地理标志产品的效应。

（六）信息平台缺失

目前，江西省还没有独立的食用菌统计资料，只是笼统在蔬菜统计资料中，与食用菌产业地位与发展速度不匹配；少量有关食用菌产业的信息统计也存在很多问题，品种分类不明确、统计指标模糊、数据更新速度慢、数据留存部门不明确等问题，给食用菌产业发展研究、贸易与决策等工作造成非常大的困难。

三、推进江西省食用菌产业发展的建议

（一）加大政府支持，出台专项政策

政府要加大对食用菌产业的政策支持和引导。建议对江西省食用菌产业进行引导和支持：一是明确食用菌产业在江西农业经济发展中的特色产业、支柱产业地位，制定出台《江西省食用菌产业发展指导意见》，加强食用菌规划指导工作、对外宣传，营造食用菌产业发展的良好氛围。二是设立专项资金支持制度。省财政每年安排一定数额的专项资金支持食用菌新品种、新

技术的研发、推广以及龙头企业和示范园区建设，撬动更多民营资本进入食用菌产业。三是出台菌袋补贴等扶持政策，降低菇农生产成本。部分县市存在食用菌生产萎缩的主要原因是生产成本上升导致效益低下，影响了菇农生产种植积极性。菌袋是食用菌生产过程中的主要成本，出台菌袋补贴政策可以有效降低菇农生产成本，提高菇农经济效益，促进产业发展。

（二）培育新型主体，壮大产业实力

一是通过培育和招商引进一批龙头企业，增加龙头企业的数量，带动全省食用菌产业提质增效。二是培育一批食用菌加工企业，积极发展食用菌功能保健食品、药品、调味品、休闲食品等深加工产品。三是培育发展现代批发商和电商，降低交易成本，推动食用菌零售企业参与食用菌供应链整合。

（三）加强技术培训，改善生产经营

一方面要完善县级科技推广机构，结合新型职业农民培训，采取集中培训和现场操作相结合的方式，帮助菇农及时掌握食用菌新品种、新技术，促进菇农种菇水平的提高；另一方面加强对食用菌企业和合作社负责人的经营管理知识的培训，促进其经营管理水平的提高。

（四）增强科研创新，提升技术水平

一是以江西省食用菌产业技术体系、江西省现代农业科研协同创新专项等项目为载体组建科研创新团队，针对制约产业发展的重大技术瓶颈问题，尤其在菌种提纯复壮、野生菇驯化、新品种选育、高效栽培技术创新和集成、病虫害绿色防控、产品精深加工等技术上集中力量开展联合攻关。如针对赣州市大量蔬菜大棚，进行蔬菜大棚里菌菜轮作、套作技术研发、示范与推广。二是稳定对农业科研机构的支持力度，增加科研经费投入，为科研团队提供更好的平台条件和资金保障。

（五）提高产品质量，打造产业品牌

一是加强江西省食用菌生产环节污染防控的集成研发与示范，切实抓好食用菌基地选址、水质监测以及生产过程控制，大力提升食用菌采摘、分选、加工、储运、营销等商品化处理的质量。二是严格实行“从产地到市场准入”全程标准化，不断完善产地环境、生产原料、生产流程、包装标签、贮运保鲜、产后加工、市场流通与营销等完整的全程质量监控追溯体系，确保产品质量安全。三是积极开展品牌建设，扶助广昌、黎川等茶树菇品牌推

广（茶树菇是江西食用菌产量最大、占全国半壁江山的品种），加强“三品一标一追溯”（无公害农产品、绿色食品和有机农产品，地理标志产品、质量追溯）认证和商标注册，并充分发挥其作用，争创国家和省级名牌农产品。

（六）搭建信息平台，优化信息服务

一是要尽快建立全省独立于蔬菜的食用菌产业数据库和信息平台，设立信息员，建立食用菌发展相关指标体系，将食用菌生产、加工、流通的数据进行有效的搜集和整理，并进行动态更新，为江西省食用菌产业发展提供技术层面和经济层面的支撑。二是促进食用菌协会发展，完善现有食用菌协会制度，强化协会的基本功能，包括技术开发、培训与服务。三是尽快建立江西省食用菌产业联盟，构建“政产学研用”一体化的产业体系。

课题组主要成员：

戴天放　江西省农业科学院农业经济与信息研究所研究员
徐光耀　江西省农业科学院农业经济与信息研究所助理研究员
麻福芳　江西省农业科学院农业经济与信息研究所助理研究员
卢　慧　江西省农业科学院农业经济与信息研究所助理研究员
张　诚　江西省农业科学院农业微生物研究所所长、研究员

将大球盖菇打造成江西省重要的绿色富民产业*

大球盖菇又名“赤松茸”，是国际菇类交易市场上的十大畅销菇类之一，也是联合国粮农组织向发展中国家推荐栽培的特色品种之一。其富含多糖、蛋白质、膳食纤维、矿物质元素、维生素等营养物质，以及黄酮、多酚、氨基酸、甾醇、皂苷等活性成分。医学研究已证明，大球盖菇在改善冠心病、降血糖、抗氧化、抗菌、抗肿瘤等方面作用显著，药用及保健作用潜力极大，可谓“素中之荤”全价营养的保健食品。

近年来，江西省农业科学院开展大球盖菇引种试验，研究开发出了一套适宜江西省气候及资源条件的以稻草为主要原材料的大田露地栽培技术和“水稻-大球盖菇”轮作高效栽培技术模式，先后在永丰、吉安、高安、金溪、安福、九江、鄱阳、德安、广昌、丰城等十余个地方进行了新品种、新技术和新模式的示范推广。

大球盖菇生产具有技术简便、有效利用秸秆等农业废弃物、投资小、经济效益好等特点，是一项值得大力推广的绿色富民产业。

一、江西省具有发展大球盖菇产业的优势

1. 自然条件适宜，适合各地周年栽培

大球盖菇适宜生长的温度为5～30℃，在赣可以自然越冬，周年都适宜栽培。由于适种季节长，可在其他蕈菌或蔬菜淡季时上市，实现错时供应。另外，江西省全年雨量充沛，水资源丰富，特别是近年来全省高标准农田建设，灌溉条件得到充分的改善，为大球盖菇的生长用水提供了可靠保障。大

* 本文于2020年6月2日获时任省委副书记、省长肯定性批示；于2020年6月17日获时任副省长肯定性批示。

球盖菇可以在大田、林地、裸地，甚至房前屋后进行栽培，适合江西省大部分地区种植。

2. 栽培原料丰富，缓解农业面源污染

大球盖菇抗逆性强，可直接利用稻草、谷壳、玉米秸、大豆秸等农作物秸秆以及木屑、竹屑进行栽培。江西省是农业大省，稻草等栽培原料非常丰富，经测算 2016 年江西省农作物秸秆总量为 2 520.9 万吨，其中水稻秸秆约 2 072.9 万吨，占总量的 82.2%。若以稻草等农作物秸秆资源为培养基种植大球盖菇，1 亩大球盖菇可以消纳 5 亩左右稻草，改变过去田间乱堆农作物秸秆、秸秆焚烧向大气层排放 CO_2 气体或自然腐化后的腐殖质直接排入河道污染环境的局面，有利于净化域内空气和水体，减少农业面源污染。同时，菌糠直接回田成为肥料，增肥地力，改良土壤。

3. 后备土地资源丰富，发展潜力大

2019 年江西省水稻种植面积约 3 500 万亩，很多冬闲田没有得到有效利用，此外各地大量的果林地在冬季也正好是休整期，可以利用这个空当时间栽培大球盖菇。大球盖菇一般在 10 月份栽种，12 月初开始出菇，冬闲田次年 4 月下旬采收结束，林下栽培可以持续到 5 月下旬。江西省部分地方利用农业物候期与冬闲田的空间，逐步建立了“稻-菇”、“菜-稻-菌”、林下仿野生种植等立体循环农业模式，提升了土地资源利用率，提高了农业综合效益。研究证明，林下种植大球盖菇后的菌渣还林，6 个月后土壤有机质百分含量增加了 21.36%。

4. 栽培技术简便，经济效益好

大球盖菇菌丝生长旺盛，与杂菌竞争能力较强，不必按食用菌传统灭菌、装袋、催蕾等工序，可直接进行生料或者发酵料栽培。与其他食用菌相比，大球盖菇生产技术简单易学，管理简便省工，可以充分利用农村贫困人员的劳动力，实现就地就业和脱贫致富，而且投资小，不需建设专门的设施。以大球盖菇大田栽培为例：亩均成本在 3 500 元（其中：原料成本 1 000 元，菌种 1 200 元，人工费用 1 300 元），亩均产量 1 500 千克，按平均价格 10 元/千克计算，亩均产值达 1.5 万元，亩均纯利润超 1 万元，效益非常可观。与此同时，种植大球盖菇后菌渣还田后种植水稻，可减少 70% 以上的化肥和农药，每亩水稻种植可增效 100 元以上。

二、发展大球盖菇产业存在的问题

1. 公众认识不足

大球盖菇在国际市场上消费需求突出，2018 年出口量为 3 000 吨，一级大球盖菇价格为 1.4 万元/吨，次菇为 1 万元/吨。但在国内却属新发展食用菌类，国内主要消费市场集中在北京、上海、山东和江苏等地，这些区域鲜品常年均价达到 20 元/千克以上，某些品牌的大球盖菇零售价甚至高达 100 元/千克。然而，江西产区的价格长期在 10 元/千克徘徊，这反映了本地消费者对大球盖菇的营养价值和医疗保健价值的认识不足，极大地影响了大球盖菇的价格和市场。

2. 规模化经营小

近年来，基于精准扶贫政策支持与资金支持，江西的大球盖菇产业发展迅速，累计种植面积超过 1 500 亩。但是，与贵州、四川等大球盖菇种植大省相比，规模上仍相差甚远。另外，江西省大球盖菇产业还是处于较为分散生产的状态，生产规模较大的为 20～50 亩，大多数规模在 5～10 亩，尚未形成较有影响力的产业集群。

3. 标准化程度不高

大球盖菇生长环境要求低，生产管理技术简单易行，农户、合作社、企业都可以进行生产。由于缺乏统一的生产规程、行业标准，各主体生产的大球盖菇质量参差不齐、鱼龙混杂，影响了大球盖菇的市场认可度。

4. 产业链条较短

大球盖菇出菇期集中，鲜品货架期较短，因此保鲜加工尤为重要。目前，国内已经开发了鲜品、干制品、罐头、真空清水软包装加工、速冻加工、盐渍品等系列产品。但是，大球盖菇产品品种单一、精深加工层次低、产业链条延伸不长等问题仍凸显，承担拉动产业快速发展的能力还很单薄。

三、加快大球盖菇产业发展的建议

1. 大力宣传推广，扩大市场容量

一要充分发挥政府对产业的引导和推动作用，加大宣传力度，从历史文化内涵、健康饮食、医疗保健等方面入手，让广大消费者知道、认识、了解、品尝大球盖菇，引导广大消费者消费。二要协助生产经营主体拓宽销售渠道，将大球盖菇纳入“生态鄱阳湖绿色农产品”名录，融合传统推介会、网红带货、产地直播等新旧媒介，增强“赣产”大球盖菇的知名度。

2. 引导就地取材，形成产业集群

一是充分利用当地的自然资源，按照食用菌资源保育与利用的技术体系，选择适宜的种植品种、培养料配方、栽培模式，培育发展专业合作社、家庭农场等新型农业生产经营主体，实现从大球盖菇分散栽培向规模经营转变。二是选择1～2个大球盖菇产业基础强、潜力大的县（市区），依托目前规模较大、辐射效应明显的示范基地，建设涵盖种植、加工、物流、研发、休闲旅游、生态康养等的大球盖菇产业带，将资源禀赋要素转化为产业集群优势。

3. 深化科技支撑，推行标准生产

加大对食用菌尤其是大球盖菇产业发展的科技支持力度：一是开展大球盖菇种质资源普查，有效保护、合理开发利用野生资源；二是依托江西省农业科学院建立大球盖菇菌种繁育基地，加强对大球盖菇的生理学、遗传学的深度研究，加快新品种选育速度；三是建立标准化生产基地，从研发、生产、加工、流通等领域建立与国际接轨的产业标准体系，并将大数据、区块链、智慧农业等技术和管理理念融入大球盖菇产业中，确保从“菜园子”到“菜篮子”的产品都符合标准并有据可查。

4. 延伸产业链条，打造地方品牌

一是深化产学研合作，鼓励开展大球盖菇产品冷链物流、精深加工技术的研究和应用，加强与装备制造业、医药保健品产业等的跨界合作，深入挖掘大球盖菇在医疗、保健、美容等方面的功效作用。二是灵活运用多种营销模式，打造区域公用品牌、企业品牌、产品品牌，结合现代化元素将“赣产”大球盖菇打造成独具特色的品牌。

5. 创新扶贫模式，健全服务体系

一是构建大球盖菇产业脱贫长效机制，灵活运用“合作社＋贫困户”、“帮扶单位＋科研院所＋合作社＋贫困户”、“龙头企业＋标准化基地＋贫困户＋致富带头人＋品牌销售”等产业扶贫模式，充分激发贫困户内生动力，实现从“输血式”扶贫向“造血式”扶贫的转变。二是建立健全产业配套服务体系，进一步加大大球盖菇保险扶持力度，提升产业扶贫风险保障能力；严格菌种生产经营许可和质量监督，加大对菌种生产经营违法违规行为的查处和打击力度，营造良好的菌种流通环境。

课题组主要成员：

戴星照　江西省农业科学院院长、研究员
卢　慧　江西省农业科学院农业经济与信息研究所助理研究员（执笔人）
魏云辉　江西省农业科学院农业微生物研究所副所长、研究员
吴昌华　江西省农业科学院农业经济与信息研究所副所长、副研究员
麻福芳　江西省农业科学院农业经济与信息研究所助理研究员

江西省食用菌扶贫产业长效发展调查研究

食用菌味道鲜美、营养丰富，在联合国粮农组织提出的人类最合理的膳食结构——“荤菜—素菜—菌菜”中，占有重要地位。当前我国已成为世界上最大的食用菌栽培、加工、贸易与消费国，在食用菌栽培品种、产量和从业人员数量等方面均居世界第一，食用菌产业已成为我国“粮、油、果、蔬、菌”五大种植业支柱产业之一。由于食用菌生产“短、平、快”，以及“不与人争粮、不与粮争地、不与地争肥、不与农争时”等特点，在扶贫攻坚战中，全国各地不约而同地将其当作产业扶贫的典型大力推广。原农业部曾对全国592个贫困县产业扶贫情况进行调研发现，其中有420县开展了食用菌产业扶贫，占比超过70%。但是由于大量资本短期内进入食用菌产业，造成生产过剩、供过于求，加上许多扶贫地区食用菌上马仓促，现代食用菌产业体系、生产体系、经营体系等还不健全，存在持续发展的潜在风险。

在上述大背景下，“扶贫菇”能走多远？食用菌产业在贫困地区脱贫摘帽后，如何破解扶贫菇发展的困境、保持健康可持续发展，做成当地长效产业，正在成为各地巩固、发展全面建成小康社会成果，进而实施区域乡村振兴战略的重要课题。国家也高度重视这个问题，2020年6月3日农业农村部出台了《关于促进贫困地区食用菌产业稳定发展的指导意见》，要求各地切实保障贫困地区食用菌产业可持续发展。江西省食用菌产业技术体系产业经济岗在前期研究基础上，以国家贫困县上犹县、余干县等地食用菌产业扶贫为案例，分析扶贫菇的做法、成效与问题，并提出相应的促进江西省食用菌扶贫产业长效发展的对策建议。

一、江西食用菌扶贫产业成效与问题

江西栽培食用菌历史悠久，赣菇是我国四大传统名菇之一，享誉古今中外。江西是全国食用菌主产区，2018 年产量 129.5 万吨、产值 123.97 亿元，均在全国排名第十，其中茶树菇产量 33.05 万吨，为全国第一，占全国的 50.36%，可谓全国茶树菇的“半壁江山”。但是与纬度、气候条件、森林覆盖率相似的邻省福建省相比，差距巨大（福建食用菌规模全国第二，2018 年产量 418.66 万吨）。由于江西在食用菌产业具有传统习惯、资源优势，基础较好，全省许多地方都把食用菌产业作为扶贫工作的重要抓手，据调研统计，全省有 84 个县（市、区）开展了食用菌产业扶贫，占比达 84%，超过前述之全国平均水平。尤其是上犹县、余干县在全县范围内整体推进扶贫菇基地建设，在地方政府主导和行政化力量的推动下，龙头企业热情高涨，食用菌发展热火朝天，新合作社和新菇棚如雨后春笋，随之一大批农户就地成为新“菇农”，既取得了快速的扶贫成效，也存在许多产业可持续发展的深层次问题。

（一）食用菌产业扶贫的做法与成效

1. 主要做法

一是由地方政府整合扶贫资金，统一建设食用菌生产设施。如上犹县整合扶贫资金 4 000 余万元，在全县 14 个乡镇 110 个村建成智能扶贫出菇车间 75 间、普通钢架栽培棚 140 个；余干县整合扶贫资金上亿元，在 108 个村建成食用菌连栋大棚 35 万余平方米。

二是引进食用菌帮扶企业提供菇包、技术与销售服务。如余干县引进龙头企业江西省鲜禾生态农业发展有限公司在当地投资成立余干县鲜禾菌业发展有限公司，建设菇包厂，公司向贫困户提供出菇菌棒，并提供种植技术服务，合格的菌菇产品由公司负责回购。上犹县与赣州市兴万家现代农业发展有限公司、江西天和食用菌开发有限公司等食用菌企业签订菇包供应与技术服务协议。

三是由村集体组织贫困户参与食用菌生产管理。主要采用“村集体+基地+贫困户”的模式，全县规划建设的所有智能车间和普通大棚等设施产权及食用菌产品产值归所在村集体所有；同时连接全县贫困户参与食用菌采摘、基地管理等工作，获得务工收入；全县总产值按“差异化分红”模式分配给全县无产业收入或产业收入不稳定的贫困户。

2. 取得成效

一是扶贫见效快。食用菌生产周期短，当季可以见效，如上犹县自开展食用菌扶贫以来，当季即实现了全县食用菌产业工人工资和贫困户收益分红120万元，较快地取得了扶贫成效。余干县7 015户贫困户参与菌菇种植，带动贫困户年均增收5 000元以上。

二是食用菌产业形成基础。通过食用菌产业扶贫，填补了当地食用菌产业的空白，迅速提升了食用菌产业化、现代化水平。如余干县通过引进成立余干县鲜禾菌业发展有限公司，在黄金埠镇建成年产5 000万袋的现代化菌包厂，为当地食用菌产业长期发展打下了基础。

三是村集体经济有所壮大。如上犹县建成的食用菌智能车间和普通大棚等设施产权及食用菌产品产值归所在村集体所有；余干县把菌菇种植净收益的10%作为村委会的集体经济收入。

（二）食用菌产业扶贫存在的问题

1. 生产经营粗放，影响产量质量

由于扶贫菇是短期上马，铺开范围较大，生产经营管理比较粗放，表现为技术人员、管理人员甚至劳动力出现不足的情况，常常导致采菇不及时、采菇不规范、采后处理与冷藏不到位等情况，影响到食用菌产量、品质，从而影响效益，不符合食用菌生产标准化的需要。

2. 生产布局分散，影响集聚效应

由于食用菌扶贫产业在全区域推进，涉及各个乡村，出发点是方便带动各乡村的贫困户，如余干县在108个村建立扶贫菇基地，上犹县在110个村建立扶贫菇基地，这种布局短期带动贫困户效果较好，但长期不利于管理、运输、储存等，增加经营管理成本，影响产业发展的集聚效应。

3. 利益机制扭曲，影响各方利益

各地的扶贫菇一般采用“龙头企业＋基地＋合作社＋农户”生产经营模式，采取“保底收益＋按股分红”的分配方式以保障贫困户的利益，利益分配过多地体现为政府强制性；而由于贫困户素质和责任心较低，在扶贫菇基地的生产劳动中难以适应现代食用菌生产的需要，往往导致菇房产量质量下降，直接影响到联结的龙头企业不能取得合乎要求的鲜菇，从而影响效益。长期下去，龙头企业不堪重负，在扶贫地区不敢久留，必然不利于整个产业发展。

二、制约扶贫菇持续发展的因素分析

通过对贫困县食用菌扶贫产业的经营体制机制、技术管理水平、市场销售渠道等现状、成效以及存在问题进行大量的调研，笔者认为当前影响“扶贫菇”健康发展壮大的因素主要有：

（一）发展信心不足

一方面，当地干部认为食用菌种植初期投入较大，一旦产出效益低将使得村级债务增加，负担加重；另一方面，扶贫干部对食用菌产业比较陌生，懂技术会经营的干部少，缺乏带头人。但从主观因素说，主要是因为他们对食用菌产业在大健康产业中的价值、在我国种植业中的重要地位以及食用菌产业在种植、加工与休闲旅游等一二三产业融合的优势等缺乏深入了解与宣传，发展信心有待增强。

（二）经营机制不活

经营模式及参与主体利益联结机制不完善。经营体制机制不活，各地主要是采用“村集体带动贫困户”的经营模式，集体经营的激励性不强；同时贫困户与经营主体间的利益联结机制弱化，贫困户有固定扶贫分红、工资性等收益，干多干少一个样，生产管理积极性不高，市场开拓性不强，影响基地食用菌产量、质量。

（三）品种过多过杂

食用菌品种过多过杂，涉及香菇、茶树菇、木耳、秀珍菇以及其他各种珍稀菇约 20 余个品种，大多数品种是外来品种，在江西并无资源环境优势，有的还在栽培试验示范阶段，生产技术并未成熟，生产管理技术复杂，导致扶贫区域掌握不到位，影响生产效益，难以形成专业化、规模化和品牌化格局。

（四）销售渠道较窄

食用菌销售渠道一般分为经销模式和直销模式。经销模式是指生产企业或菇农把产品销售给经销商，经销商再通过批发市场对外销售，该模式是农产品销售的通行模式；直销模式是生产者直接向终端渠道销售产品。从调查情况看，被调查县食用菌市场销售渠道不宽，产品主要采取帮扶合作企业的经销模式，还面临销售区域性局限和季节性价格波动等因素影响，没有积极主动拓展当地及其中心城市周边的消费市场。

（五）缺乏龙头带动

专业化和标准化是提高食用菌产品质量的根本保证，但目前的小规模经营局面难以改变。缺乏有实力的龙头企业，企业规模普遍偏小、实力不强、竞争乏力、行业内部集聚度低，“公司＋合作社＋农户”的产业化模式联结机制扭曲，没有形成种-加-贸一体化的产业链，发展后劲不强，竞争力弱，难以适应现代农业的发展要求与市场竞争。

三、对策建议

基于上述问题与原因，提出较有针对性的促进江西省食用菌扶贫产业长效发展对策建议如下。

（一）增强信心、长期规划

首先，要提高对食用菌产业的科学认识与信心，认识到食用菌扶贫产业是适宜且能发挥江西省环境资源优势的好产业，尤其在新冠疫情发生后食用菌健康价值正在凸显，建议省市县各级政府要加强对食用菌产业在饮食健康、大健康产业、种植业中的重要地位以及食用菌产业在种植、加工与休闲旅游等一二三产业融合的优势等方面的认识与宣传。其次，要确立长期发展规划，虽然各个县市区必然脱贫摘帽，但要坚持“摘帽不摘责任、摘帽不摘政策、摘帽不摘帮扶、摘帽不摘监管”，要把食用菌产业作为实施乡村振兴战略中“产业兴旺”的重要抓手，建议省市县各级政府要制定长期发展规划与扶持政策，坚持长期发展，把扶贫产业做成新兴主导产业。

（二）明确主体、创新管理

首先，对现行的“村集体带动贫困户”的经营模式进行改革创新，以扶贫基地现有智能出菇车间和普通大棚为基础，推广“租赁承包制”模式或者进行股份制改造，明确市场主体，调动生产积极性，提高管理效率。其次，探索和鼓励科研单位和科技人员通过技术承包、技术入股、技术转让等形式参与食用菌扶贫产业发展；再次，鼓励和引导社会力量采取新建基地或租赁车间参与食用菌产业发展。

（三）精选品种、规模发展

在制定长期发展规划中，要根据当地与江西省食用菌品种优势，精细选择食用菌品种，防止品种过多过杂，建议以江西省大宗品种如茶树菇、香菇等一至两个品种为主导，像扶持茶叶、地方鸡产业一样专门出台扶持茶树菇产业的政策方案，集中力量，有利于实施专业化、规模化和品牌化发展；在确立主导品种后，与省食用菌产业技术体系、相关科研院校和龙头企业建立战略协作关系，针对性地加强这些品种的技术创新与培训，提高技术应用水平。

（四）多渠营销、扩大内需

打破现有的帮扶合作企业的包销模式，利用靠近的地级市中心城市的消费优势，在本县和地级市大力宣传食用菌健康饮食知识，开拓餐饮业营销、社区营销、食堂供应等销售渠道，提高本地市场占有率；积极推动食用菌产品进入电商平台，开展线上销售；与当地全域旅游结合，研发食用菌菜系、食用菌观光、食用菌盆景等产品或服务，发展食用菌旅游经济；在提高食用菌品质、创立品牌的基础上，积极参加省内外农产品展销会，开拓国内外市场。

（五）引培龙头、形成产业

首先加强省内外调研与学习，由省有关主管部门组织到全国食用菌产业发达省份如河南、福建等省以及食用菌扶贫推进力度较大的贵州省考察，学习各地整县发展食用菌扶贫产业的经验，借鉴其有关扶持政策与做法；在上述基础上，加大招商引资，引进食用菌龙头企业，制定优惠的产业发展政策，以其为龙头，健全优化“公司＋合作社＋农户”的产业化模式，并鼓励其发展食用菌加工、食用菌休闲旅游、食用菌产业服务体系，形成一二三产融合发展的大格局，提高区域食用菌产业市场竞争力。

课题组主要成员：

戴天放　江西省农业科学院农业经济与信息研究所研究员，省食用菌产业技术体系产业经济岗位专家

张结刚　江西省农业科学院开发与成果转化处助理研究员

万余花　江西省农业科学院农业经济与信息研究所实验师

徐光耀　江西省农业科学院农业经济与信息研究所助理研究员

麻福芳　江西省农业科学院农业经济与信息研究所助理研究员

卢　慧　江西省农业科学院农业经济与信息研究所助理研究员

张　诚　江西省农业科学院农业微生物研究所所长、研究员，省食用菌产业技术体系首席岗位专家

“十四五”打造江西省食用菌千亿产业发展思路与对策*

江西省是全国食用菌主产区之一，食用菌产业规模位于全国第10位，但与纬度、气候条件、森林覆盖率相似的邻省福建省相比，差距巨大，在全国食用菌产业中的地位与江西农业大省地位不匹配，需要加快发展步伐。“十四五”时期是实施乡村振兴战略、推进农业农村现代化的重要时期，食用菌产业对于江西在“十四五”时期打造新的现代农业千亿产业的增长点，高质量实现“产业兴旺、生态宜居、生活富裕”等目标，具有重要的战略意义。

一、江西省食用菌产业发展现状、问题

（一）江西省食用菌产业现状

1. 产业规模稳步提升，扶贫产业推动较大

从2002年开始，江西省食用菌产量呈现逐年增加的趋势，但在全国食用菌产业的地位起伏较大，排名由2002年的第12位降至2009年的第16位，随后排名陆续上升，基本稳定在全国第10位。由于近几年技术进步和食用菌产业扶贫推动，2019年，全省食用菌产量继续在2018年的基础上增长约3.74万吨，达132.79万吨左右，产值约129.41亿元，同比分别增长2.90%、3.60%。但是与纬度、气候条件、森林覆盖率相似的邻省福建省相比，差距巨大（2019年福建食用菌产量440.8万吨）。

2. 品类结构大宗产品为主，珍稀品类显现优势

据调研，江西省食用菌生产应用的品类26种以上，其中以茶树菇、平菇、香菇、双孢蘑菇、黑木耳、杏鲍菇等5个大宗品类为主，近3年的产量

---

* 本文于2021年11月2日获时任副省长肯定性批示。

和产值一直稳定在总量的83%左右。2020年大宗品类产量95.51万吨、产值87.98亿元，分别占总量的82.47%、81.78%。其中，茶树菇产量32.49万吨，是江西的优势品种，产量一直为全国第一，占全国的50%以上，规模和品牌的优势潜力巨大，值得重点发展。另外21个珍稀品类2020年的产量20.30万吨、产值19.61亿元，分别占总量的17.53%、18.22%。值得一提的是，由于竹木资源、生态环境的优势，江西省的海鲜菇、鸡腿菇、灵芝、竹荪等珍稀品类产量占全国的比重较高，分别为21.34%、19.19%、13.39%、10.34%。

3. 生产模式以农法模式为主，工厂化生产趋势加快

与全国食用菌生产模式一样，江西食用菌现有的生产模式也以农业栽培模式为主，包括香菇、黑木耳、平菇、毛木耳、茶树菇、银耳等主要大宗与珍稀品类等16种，2019年产量达118.61万吨，占全省主要栽培食用菌总产量的89.73%。2019年江西工厂化生产模式的食用菌种类约9种，比全国工厂化种类少了3种（草菇、灰树花、鹿茸菇），产量13.58万吨，占全省主要栽培食用菌总产量的10.27%。目前江西省食用菌工厂化发展呈现加快趋势，如2018年12月投产的中田公司（新余市）年产8万吨双孢蘑菇工厂化生产项目，2020年投产的祥川公司（黎川县）年产1 200万袋鹿茸菇工厂化生产项目、天华公司正在新建的年产万吨海鲜菇工厂等，达产后将迅速增加工厂化食用菌的产量。

4. 经营主体以种植为主，加工与销售企业较少

迄至2019年6月底，江西省从事食用菌产业化的各类企业、合作社等经营主体4 769个。从企业类型上来看，江西省直接从事食用菌种植的经营主体比重高，可达65%以上，而从事批发和销售的企业占比约18%，另外的为食用菌初级加工，从事深加工的极少。同时受劳动力成本上升趋势的影响，传统栽培模式企业不断减少，而一些成熟的工厂化生产菇类企业不断涌现，如鲜禾（上饶）、云田（上饶）、中田（新余）等公司逐渐显示出规模优势、技术优势以及市场优势，在当地市场占据份额越来越大。

5. 生产较集中，优势产区渐成型

江西省食用菌区域分布特点主要表现为：一是全省各地均有种植，但生产比较集中，主要集中于赣州市、抚州市、上饶市、宜春市和吉安市等地，以上5市产量均在10万吨以上，占全省总量的约77%。二是优势产区逐渐成形。目前江西形成了以茶树菇、香菇、双孢蘑菇、木耳、杏鲍菇等品种为主栽品种，以及其他特色品种的七大优势产区：以抚州为中心的茶树菇生产区；以新余、吉安为中心的香菇、黑木耳和双孢蘑菇生产区；以抚州、鹰潭为中心的竹荪生产区；以上饶为中心的滑子菇、鹿茸菇和黑皮鸡枞生产区；以赣州为中心的海鲜菇、灵芝生产区；以九江、宜春为中心的黑皮鸡枞、秀珍菇和灵芝生产区；以上饶、鹰潭为中心的大球盖菇生产区。以上优势产区的食用菌产量比重占全省食用菌总量的70%以上。

（二）存在问题

1. 惠菌政策不够

近年来，江西省非常重视食用菌产业发展，江西省农业农村厅通过设立省食用菌产业技术体系，加强了对食用菌产业发展的支持。但是与传统大农业相比，缺乏惠菌政策，具体表现为：一是在产业链条上的技术研发、专业化生产、育种研究、菌种生产工艺及栽培设备设施研发等方面支持不够，导致食用菌产业总体处于经验性生产阶段。二是食用菌产业专项资金少，江西省财政目前没有安排专项资金用于食用菌产业，仍然统合在蔬菜产业中；与山东、福建、江苏等省支持力度相比，差距较大，上述省份省财政每年划拨3亿元以上支持食用菌产业发展。

2. 产业化程度较弱

一是缺乏大型经营主体。截至2020年底，江西食用菌工厂化企业仅有20余家，与福建、江苏、山东等食用菌大省差距巨大；也没有食用菌全国百强企业。如江西工厂化食用菌产量只占全省主要栽培食用菌总产量的10.27%。二是加工力量不足。极少食用菌加工企业，且主要从事食用菌的烘干包装等传统加工或盐渍食用菌等初加工，高附加值、深加工产品如食用菌功能保健食品、调味品、休闲食品等极少。

3. 科技创新不足

一是种业创新水平较低。与食用菌强省相比，江西省自主选育的品种少，大部分食用菌原种来自浙江、福建、四川等地。二是菌种生产不规范，母种保藏混乱，随意转管和分离，菌种退化现象严重，直接影响了食用菌产品的质量和产量。三是病虫害防控技术欠缺，容易造成较大经济损失。四是设备技术落后，机械化程度不高。五是科技创新后劲不足，缺少项目资金支持，技术转化不到位。

4. 经营管理水平较低

一是以小规模家庭分散的粗放经营为主，技术不易规范，产品质量难以控制，市场风险和技术风险较大。二是食用菌生产所需的原材料（如棉籽壳、茶籽壳、木屑等）存在价格、运输成本上涨及菌林矛盾等问题。三是生产环节滥用农药的现象时有发生，农药残留问题依然存在。四是设施食用菌配套技术发展滞后，良种良法普及率低，高效栽培技术推广难。

5. 品牌建设差距较大

赣菇历史悠久，产品质量好，但是知名度低，在国内外市场影响度低，未能打造出江西省的国内外知名食用菌品牌。如广昌县是茶树菇生产起源地，产品规模与质量均具有优势，但未占领市场话语权，广昌县的茶树菇多被外省收购后以他们的品牌和名义销售，未能发挥其在本省、国内外的品牌效应；黎川茶树菇虽然获得国家农产品地理标志，但由于其他食用菌市场竞争、生产成本提高、技术进步较慢等原因，黎川茶树菇产业出现一定的萎缩，近年来产量不到 1 亿袋，较全盛时下降 20%左右，没有发挥出国家农产品地理标志产品的效应。

二、江西省食用菌产业发展的战略意义

1. 有利于推进现代农业强省建设

首先，食用菌产业是目前唯一真正实现了农产品工业化的农业种植（养殖）项目，是资金、技术、土地密集型产业，土地产出率高、劳动力使用少，能够克服当前土地稀缺、劳动力成本高等制约因素，第一产业潜力大。其次，食用菌、药用菌保健功能丰富，深加工等第二产业增值空间更大。第三，食用菌种类繁多、形态各异，观赏、科普、采摘等休闲农业第三产业融合空间广阔。江西资源禀赋与福建相似，目前食用菌产量、产值较其相差巨大。如竹荪不能连作，福建由于发展较早、可种植土地匮乏，正在向江西转移；江西食用菌产量、产值与云南省相似，2020 年云南省出台《云南省加快食用菌产业发展的指导意见》，提出了“力争到 2022 年，全省食用菌农业

产值达 400 亿元、综合产值达 1 000 亿元"的目标，江西省在提高种植规模、加工产业等前提下，也完全可以达到。因此，通过发展食用菌产业特别是食用菌工厂化，可以使江西省农业"弯道超车"，辐射带动改变农业体量小、现代化水平不高等现状，大幅度提升产业规模化、集约化、专业化、标准化、信息化程度，推进现代农业强省建设。

2. 有利于推进生态文明先行示范区建设

一是食用菌产业将农林废弃物转化为可食用产品，可谓是化腐朽为神奇的产业。据研究，每吨鲜蘑菇可以转化利用 1.5 吨的农作物秸秆，按照 2019 年江西省食用菌产量 132.79 万吨估算，年可转化约 200 万吨农业废弃物，能有效缓解农业环境污染问题。二是技术进步使得食用菌产业能够利用农林秸秆、果枝等废料代替段木进行食用菌栽培，是实现循环农业经济的重要手段，并且能减少林木资源的消耗，有助于推进生态文明先行示范区建设。

3. 可以支撑国家食物与粮食安全

食用菌蛋白质丰富而优质，蛋白质含量可达 19%～35%，按照 2019 年江西省食用菌产量 132.79 万吨，则折合蛋白质约为 2.52 亿～4.65 亿千克。按江西农业有机废弃物约 1 亿吨/年，除了满足生活燃料（约 40%）、畜禽养殖（约 30%）外，如剩余的 30%约合 0.30 亿吨生产食用菌，则按照 50%的生物学效率计算，年可产食用菌 0.15 亿吨，可以转化为 28.5 亿～52.8 亿千克蛋白质，相当于 57.00 亿～105.00 亿千克瘦肉、85.50 亿～157.50 亿千克鸡蛋、334.20 亿～630.00 亿千克牛奶，在国家食物安全与粮食安全体系中的作用巨大。

4. 有助于引领健康饮食文化

如何在新冠疫情常态化中有效控制疫情，通过饮食等方法提高人群的免疫力也是重要途径。食用菌是联合国粮农组织、世界卫生组织提出的人类最合理的膳食结构——"荤菜—菌菜—素菜"中的"三驾马车"之一，食用菌既是美食，也具有较好的提高人体免疫力作用，有些菌类还具有抗病毒作用。经科学研究，香菇、灰树花、灵芝均能够诱导产生干扰素，具有明确的抗病毒能力和提高人体免疫力的功效；黑木耳具有润肺清涤作用，曾经是我国矽肺工人和纺织工人的肺保健产品，能够清涤肺内的尘埃；鸡腿菇具有化痰理气，解毒消肿作用。早在2003年抗击“非典”时期，北京群众喝蘑菇汤、崇尚食用菌菜肴；杭州市农科所研究提出了以常见食用菌组成的食疗配方，得到由科研院校和卫生行政部门等组成的专家组肯定，在实践中较好地提高了人群抵抗病毒的免疫力。

5. 可以作为乡村振兴的有效抓手

食用菌产业发展符合乡村振兴战略的“产业兴旺、生态宜居、生活富裕”等目标，具有显著的经济、社会与生态效益。食用菌产业经济效益较高，如香菇、木耳、平菇、双孢菇等大宗品种，纯利润可达1万～1.5万元/亩，其他珍稀品种如黑皮鸡枞、竹荪、羊肚菌等经济效益更高。食用菌产业社会效益突出，全国在食用菌生产行业中的从业人员超过了3 000万人，能够有效缓解农民就业压力，促进农民脱贫致富。食用菌产业生态效益显著，是典型的循环经济产业，原料可以来自种植、养殖业的废弃物，自身产生的废弃物菌渣可作种植业、养殖业的有机肥与饲料，可以与种植业、养殖业形成循环，高效、节约利用资源与能源。此外，食用菌产业具有“不与人争地、不与粮争地、不与地争肥、不与农争时、不与其他行业争资源”的特点，将有力地促进乡村振兴战略各项目标的实现。

三、“十四五”时期江西省食用菌产业发展思路

1. 发展的基本原则

（1）因地制宜原则。依据不同地域地理气候、资源条件、产业基础和经济水平，根据各种食用菌的特性，选择适宜的栽培设施和栽培模式，差异化发展。

（2）市场导向原则。强化规划引导，遵循市场经济规律，根据目标市场需求，确定食用菌栽培种类、生产规模和上市时间，避免盲目发展。

（3）协调发展原则。统筹全省茶树菇、香菇、木耳等主要栽培食用菌、草腐食用菌及各种珍稀食用菌类产业发展，保持食用菌产业协调、稳定、可持续发展。

2. 发展方向

（1）延长食用菌产业链。由一产向二三产延伸，一是大力发展食用菌精深加工产业，全面加强产地初加工，提升烘干品和保鲜品的品质，配套完善

干品和鲜品包装、贮藏和运输体系；从大健康的角度开发食用菌系列食品；引导制药企业开发食（药）用菌大健康保健品、功能食品、食品添加剂和美容护肤品。二是推进产业融合化，建设综合性食用菌园区，促进食用菌栽培种植、保鲜加工、休闲旅游等一二三产的深度融合。

（2）提高食用菌产业技术含量。从菌种良种化、菇房设施化、分工专业化、基地标准化、过程机械化、农民职业化等产业全过程全方位，通过研发创新、引进示范推广、教育培训等手段，提高全省食用菌产业技术含量。

（3）提升食用菌品牌影响力。深度挖掘“赣菇”质量与文化资源，在提升产品规模与质量的前提下，加大食用菌品牌培育与推介力度，扩大食用菌产品内涵，打造江西特色的食用菌产品品牌，提高食用菌产业竞争力。

3. 发展目标

（1）千亿规模目标。到2025年，全省食用菌鲜菇产量达200万吨，农业产值300亿元；同时大力发展食用菌加工产业、食用菌保健与休闲产业，使综合产值达1 000亿元（包括按食用菌加工业产值与食用菌农业总产值之比达到2∶1计，则加工产值达600亿元；第三产业产值约100亿元，合计农业产值、加工产值与第三产业产值等综合产值1 000亿元）。

（2）产品加工目标。大力发展食用菌加工，增加附加值，促进产业链延长，提升食用菌加工业产值与食用菌农业总产值之比达到2∶1，到2025年，食用菌加工产值达600亿元。

（3）质量安全目标。严格按照《食用菌菌种管理办法》加强对食用菌菌种生产企业的管理，通过政策引导和市场竞争淘汰不合格企业；严格按照出口基地建设的要求，建设约20个集中连片食用菌出口基地县（市、区），严格执行全程质量安全控制规程，努力提高产品质量；加强食用菌产品质量检验监测，落实好产地准出和市场准入制度。

（4）品牌建设目标。实施精品名牌战略，扩大江西省食用菌产品的市场占有率，建设茶树菇、竹荪、灵芝等3～5个在全国有影响力的名牌，使品牌产品能行销全国，畅销全球。

4. 总体布局

（1）产业布局。按照生产布局区域化、生产过程标准化、生产经营产业化、生产服务社会化、园区建设规范化，促进全省食用菌产业由局部型向区域型转变、由粗放型向集约型转变、由生产型向生态型转变、由产品型向产业型转变、由低效型向高效型转变，大力发展工厂化、机械化现代园区，积极推进生态食用菌省建设，从而形成大面积板块、大范围带动、大品牌效应、大市场流通、大幅度增收为中心内容的食用菌现代产业。

（2）区域布局。按照目前正在形成的优势产区格局，建设七个食用菌产业主产区，形成一二三产业融合发展的新格局：以抚州为中心的茶树菇生产区；以新余、吉安为中心的香菇、黑木耳和双孢蘑菇生产区；以抚州、鹰潭为中心的竹荪生产区；以上饶为中心的滑子菇、鹿茸菇和黑皮鸡枞生产区；以赣州为中心的海鲜菇、灵芝生产区；以九江、宜春为中心的黑皮鸡枞、秀珍菇和灵芝生产区；以上饶、鹰潭为中心的大球盖菇生产区。

（3）服务布局。一是建设技术研发中心，以优势产区为中心，聚集产业技术研究力量，开展食用菌精深加工技术研发，加快产业成果转化。重点在食用菌新品种的研究，人工保育促繁、良种筛选和产品质量安全及深加工技术上攻坚克难，取得突破。二是建设产业服务中心，以省会和优势产区为中心，建立覆盖全省的产业服务机构，开展食用菌产业信息网络数据统计、食用菌质量检验检测、技术培训等工作。

5. 重点任务

（1）技术创新工程。支持食用菌科研院校和菌种企业开展新品种、新技术、新模式的研发、引进、示范与推广应用。制定食用菌生产标准化技术操作规程，指导生产经营主体开展标准化生产，规范食用菌栽培和生产管理，提高产品标准化程度。

（2）菌种产业培育工程。加强食用菌种业创新和野生食药用菌保护与开发；围绕适宜江西资源条件的食用菌品类，培育和扶持一批年生产能力100万袋（瓶）以上的菌种生产企业，通过政策调控和市场方式，引导菌种企业进行整合，规范菌种生产经营与市场管理，扩大优良新品种的覆盖率。

（3）标准化基地建设工程。大力扶持食用菌生产家庭农场、专业合作社、中小型生产企业等新型生产经营主体，采取“公司＋基地＋农户”的模式，建设一批生产规模50万袋（或50亩）以上的标准化示范基地，推行标准化生产技术，完善排灌设施、质量安全控制、采后处理、冷链物流等配套设施。大力推广“集中制袋、分散出菇”的专业化分工生产模式，实现“分工专业化、生产机械化、管理标准化、布局集约化”。

(4) 龙头企业壮大工程。支持企业创建原料加工基地、栽培示范基地、保鲜加工基地和产品物流中心，开展全程社会化服务，延长产业链条。支持企业开展精深加工，针对不同国家、不同地区研发不同口味、不同类型的产品，逐步向即食品、休闲食品、保健食品、药品、生物制品方向发展，提高加工产品科技含量和附加值，努力培育一批年销售额 5 亿元以上的龙头企业。

(5) 流通体系构建工程。围绕食用菌优势产区，引导和扶持建设茶树菇、香菇、竹荪等省级或区域性食用菌专业交易市场，开辟长期、稳定的食用菌鲜品和加工品流通渠道；发展电商、线上线下深度融合营销、“农超联盟”、“合作社＋供销社”、软文营销等市场营销新业态，逐步形成具有现代化、专业化、一体化的食用菌产品流通格局。

(6)“赣菇”品牌打造工程。挖掘我国传统四大名菇之一“赣菇”资源潜力，打造“赣菇”公用品牌或商业品牌，做大做强广昌、黎川、吉安、宜黄等茶树菇、香菇、竹荪等一批食用菌区域品牌，以及企业品牌、产品品牌等，培育食用菌地理标志产品。鼓励食用菌企业围绕品牌建设，实施产业标准化战略，重点研究涵盖保育、栽培、保鲜、加工及产品、检验检测、流通等方面的野生食用菌标准体系，制定或修订相关标准。构建食用菌质量安全顺向可追踪、逆向可溯源、风险可管控的全程追溯体系。加大食用菌产品宣传推介力度，提高“赣菇”市场知名度。加强食用菌营养价值及药用价值的宣传，开展菌食文化交流，倡导食用菌消费。

四、对策与建议

1. 加强产业发展组织领导

省、市、县成立各级食用菌产业发展领导小组，加强对食用菌产业发展的指导，明确发展目标和发展重点，协调解决产业发展重大政策问题，强化部门协作，引导、促进食用菌产业健康快速发展。

2. 加大政策资金扶持

加大对食用菌产业的政策资金扶持力度，积极争取产业发展专项资金，整合省级农业综合开发、省级现代农业产业发展、土地整理等项目资金，用于食用菌新品种新技术新模式推广、标准化示范基地建设等，发挥财政资金的撬动作用，引导更多的民间资本投入食用菌产业发展。引导机械生产企业利用好国家政策，研发先进适用的机具，并通过推广鉴定，进入部级或省级农业机械支持推广目录，激励菇农购机，提高食用菌生产机械化水平。加大招商引资力度，鼓励各地出台菌包奖补政策、工厂化出菇电费补贴政策等，将食用菌产品纳入地方政策性保险试点，促进江西省食用菌产业健康可持续发展。

3. 加大质量标准体系建设

一是建立健全质量标准体系，围绕菌种选育、场地选择、水源选择、原辅材料、栽培工艺、加工销售、存储物流等，加快食用菌生产和产品标准的制（修）订，全过程全方位健全完善食用菌质量标准体系，指导企业和农民组织标准化生产。二是大力开展食用菌标准示范、推广、宣传和培训，加强示范引导，推广无公害标准化生产技术。三是抓好产品质量监管，实行与国际接轨食用菌产品追溯制度，进一步严格菌种、基料、农药等投入品的使用，建立从菌种、原材料、生产、采收到加工、检测、流通、目标市场等全程可追溯的质量安全控制体系，力争实现食用菌源头可追溯、流向可跟踪、信息可查询。

4. 加大技术创新和推广应用

食用菌属于技术密集型产业，离不开技术的不断创新和推广应用。一是完善产学研结合机制，推进菌种选育、栽培替代原料、精深产品加工等方面技术研究，加快推进新品种、新技术、新模式、新成果、新装备集成运用和创新，通过科技创新改造传统产业。二是建立和完善技术推广服务体系，推广优质高产栽培、珍稀食用菌栽培、病虫害防控技术、轻简化安全生产等成熟技术，推行标准化生产，规范食用菌栽培和生产管理。重点推广代料栽培、高效栽培技术以及羊肚菌、灵芝、黑皮鸡枞、桑黄等珍稀食药用菌栽培和共生食用菌保护地培育等高效新技术。

课题组主要成员：

戴天放　江西省农业科学院农业经济与信息研究所研究员，省食用菌产业技术体系产业经济岗位专家

卢　慧　江西省农业科学院农业经济与信息研究所助理研究员

麻福芳　江西省农业科学院农业经济与信息研究所助理研究员

徐光耀　江西省农业科学院农业经济与信息研究所助理研究员

张　诚　江西省农业科学院农业微生物研究所所长、研究员，省食用菌产业技术体系首席岗位专家

加快江西省食用菌种业高质量发展的对策建议

江西是生态资源大省，发展食用菌产业具有显著优势。随着农业供给侧结构性改革的加速推进，食用菌产业作为种植业结构调整、精准扶贫和乡村振兴的重要抓手，产业规模得到不断壮大。但是，作为产业基础的菌种却长期依赖省外，自主研发菌种的能力薄弱，品种开发利用水平多数仍处于初级阶段，亟需加快种业的研发和创新，推动江西省食用菌产业高质量发展。

一、江西省食用菌种业存在的主要问题

2000 年《中华人民共和国种子法》（以下简称《种子法》）颁布，标志着食用菌菌种管理纳入种子管理工作范畴，菌种管理正式进入有法可依阶段。2006 年随着《食用菌菌种管理办法》的实施，标志着我国食用菌菌种管理进入了规范管理阶段。目前，江西省相关部门在国家政策法规的指引和国家食用菌产业技术体系的指导下，认真贯彻落实《食用菌菌种管理办法》，切实履行菌种管理职能，逐步加大了菌种管理力度，菌种管理工作取得成效，菌种业生产经营混乱的状态有了较大改观。但是，由于当前江西省食用菌的生产方式仍然以分散栽培为主，再加上菌种繁育具有无性繁殖的特性，在某种程度上，导致了江西省食用菌菌种产业一直处于较为分散的生产经营状态和自产自销的模式。目前，仍然以手工生产和经验生产为主，生产设备设施和生产环境的控制水平仍然较低，从业人员素质与技术水平仍然还有待提高，菌种繁育仍然缺乏监管，亟需相关政策的引导、管理体系和技术体系的建立和规范。

1. 菌种自主创新能力不强，菌种来源受控

目前，省内除茶树菇等少量菌种有江西省农业科学院、江西农业大学等

在开展研究外，其他食用菌品种基本没有研发，大部分菌种来自省外。大宗食用菌类品种基本依赖进口。比如，大面积种植的香菇，基本上都是日本品种。双孢菇品种主要受制于荷兰、美国，白色金针菇菌种100%来自日本。此外，对野生菌潜力的挖掘力度不够。江西省发展野生食用菌产业有较好的条件，但大多数具有竞争力的特色野生菌并没有得到较好的开发与利用。

2. 菌种研发经费投入不足，菌种研发薄弱

菌种研发存在投入大、周期长和风险高等特征，特别是在商业化育种体系还不健全的情况下，需要政府加大投入力度。当前，政府对菌种研发投入偏低且缺乏可持续性的增长，与传统大农业相比，食用菌相关科技投入严重匮乏：一是江西省食用菌育种研究支持不够，造成种质资源储备少、评价种质少、可利用资源少，缺乏育种相关的系列技术平台，缺乏食用菌重要农艺性状的遗传规律研究。二是食用菌产业专项资金少，省财政目前没有安排专项资金用于食用菌产业，仍然统合在蔬菜产业中，与山东、福建、江苏等省支持力度相比，差距较大，如山东、福建、江苏等省财政每年划拨3亿元以上支持本省食用菌产业的发展。

3. 菌种生产相对滞后，菌种质量不高

一是菌种生产多为“三无”生产。江西省每年食用菌生产所需的三级种中超过80%的菌种均为种植户自繁自用，即使有资质的菌种生产企业规模也普遍偏小，年产菌种能力多在2万袋（瓶）甚至1万袋（瓶）以下。这些菌种生产企业多为老种植户由菌种自繁自用发展而来，在多年栽培食用菌的基础上积累了一定经验后转而开始生产和销售菌种，无生产许可、无工商注册、无专业技术人员。二是菌种生产设施简陋，生产菌种质量无保证。目前江西省食用菌菌种生产多为作坊式生产，设施条件简陋，设备简单，仅有接种箱、常压灭菌灶以及简易的接种工具，生产工艺对菌种质量几乎没有任何程序或技术上的控制。为了规避菌种风险，栽培户只有从多地购买菌种，有的种植大户甚至同时选用4～5家菌种，避免由于购进劣质菌种引发大面积减产绝收。三是菌种种源不清，菌种生产工艺不规范。在菌种生产过程中，引种混乱，母种来源不清，在质量上不具备特异性、一致性和稳定性；引进的品种达不到种源使用的要求，来源不清且种性不清，配套的栽培技术要求也不清。为了降低生产成本，一些种植户甚至小型菌种生产企业不遵守食用菌菌种生产技术规程，自行组织分离菌种，且未经性状测试就投入生产使用。四是菌种管理滞后，菌种纠纷频发。近年来，江西省食用菌产区连续发生菌种厂和种植户纠纷，矛盾的焦点几乎都是菌种质量问题。虽然我国出台了《种子法》和《食用菌菌种管理办法》，但由于没有得到很好地贯彻实施，有的地方菌种生产监管缺位，生产经营许可证制度未得到落实，未能执行菌种留样制度，错种和退化种流入生产领域，从而导致菌种纠纷事故频发。

4. 菌种知识产权体系不完善，菌种保护不足

一是品种权申请量偏低。从全国来看，截至 2019 年，11 批次农业植物品种名录中共列明 12 种食用菌和 3 种药用菌，食用菌已被列入保护的品种占比不到 2%，较之发达经济省份，在食药用菌品种权保护方面存在着较大差距。以香菇品种为例，申请数量上，邻国日本达 229 项，而我国仅 15 项。二是现行制度保护标准低、保护范围窄，引发模仿创新对原始创新的挤出效应。食用菌品种多由菌种供应商自己随意冠名，导致菌种市场存在“同物异名”或“同名异物”现象。品种育成后，一旦被市场广泛认可，未经原选育单位授权，菌种生产已遍地开花。三是国家非主要农作物取消审定、认定规定后，江西省食用菌新品种目前处于没有审定和认定的状态。食用菌菌种的分离和扩大繁殖较为容易，菌种盗用现象十分普遍，新品种产权所有人难以维护自身权益，严重挫伤了新品种选育工作者的积极性，导致食用菌新品种选育工作滞后于产业发展。

5. 现代化菌种企业缺乏，菌种产业薄弱

截至 2021 年，江西省有 20 余家食用菌龙头企业以及 40 多家较大规模食用菌专业合作社，大多办理了三级菌种生产许可证，但是缺少一级、二级生产资质的企业，没有一家具备育种能力及现代化生产能力。这直接导致了食用菌主产区存在“菌种外地来，菌棒小厂卖，参差不齐瓜菜代”现象，不利于江西省食用菌产业的高质量发展。同时，现代化菌种企业缺乏也限制了江西省食用菌种质资源优势转化为产业优势。

二、加快江西省食用菌种业发展的对策建议

1. 建立食用菌优种资源库和种质资源圃，夯实种业创新基础

一是开展特定区域野生菌类种质资源调查、收集和研究工作。参照外省

的做法，在井冈山、龙虎山等食用菌野生聚集地建立珍稀野生菌物资源保育区，逐步将保育区建设成为优质菌物资源保护与开发利用高地，为菌物资源科研及技术创新提供支撑。二是建立省级食用菌种质资源中心和食用菌种质资源库。同时，创建菌种实物和可利用信息同步的省级食用菌标准菌株库，解决江西省食用菌育种长期种质资源匮乏问题。三是强化食用菌品种选育，破解种业卡脖子问题。建立覆盖“种质资源库-鉴定评价-材料创制与利用-育种技术”整个链条的育种技术体系。建立主栽种类的性状预测技术体系、定向育种高效筛选技术模型、稳定性测试技术和种源维护技术模型。此外，针对主栽和特色种类，选育具有自主知识产权的系列新品种。定向选育工厂化品种、轻简化品种、耐储运品种、加工品种、鲜食品种、干制品种、高功效成分品种等专业化优良品种，满足市场和产业发展需求。

2. 壮大食用菌“育繁推”体系，加快菌种成果落地

一是在国家食用菌品种改良中心的基础上，建立江西区域食用菌品种改良分中心、品种区域试验站、良种繁育基地为主要内容的食用菌良种繁育体系。二是抓住新发展机遇，完善江西食用菌菌种产业发展的政策。将食用菌产业作为大农业的重要作物，将菌种业作为江西省种业的组成部分，给予同等政策支持。在食用菌的优势区域，建设从省级到地方的种源中心和专业化菌种厂。三是加大对食用菌龙头企业、生产大户等产业中坚力量的扶持力度，鼓励开展菌种研发和新品种新技术的推广。

3. 完善菌种生产管理体系，保障菌种高质量

食用菌菌种规范化生产是食用菌产业健康发展的保证。一是严格实施《食用菌菌种管理办法》，实行食用菌菌种生产准入制度，严格执行菌种生产许可制度，建立一套完善的食用菌菌种生产准入评价体系，实现江西省食用菌菌种由无序状态向规范化转变。二是成立省级菌种检测机构，完善市县菌种生产及检测组织体系。抓好菌种的安全生产，大力推进菌种的标准化，加强菌种生产职业人员培训，规范工艺流程，各个环节实施标准化控制与监督管理。三是建立由上到下的菌种生产技术体系和管理体系。根据优势区域布局，在省级科研机构建设食用菌品种改良分中心，开展适合不同生态区域的不同种类的种质可利用性评价和优良品种选育；建设食用菌区域试验网，开展生产品种的区域适应性试验，提高良种的适应性；建立菌种质量评价技术体系和管理体系，建立菌种厂认证的技术体系，形成便捷可追溯的生产体系。

4. 加强菌种知识产权管理，提升菌种产业竞争力

一是依法加强菌种知识产权保护，推行全链条、全流程监管，对假冒伪劣、套牌侵权等突出问题重拳出击。二是智慧护航菌种产业发展，打造“数字菌种”工具箱，加快实行菌种生产流通“一物一码”，建立健全防伪和质量追溯系统，实现菌种的整个生产过程中各项原始数据包括菌种原料、pH，重量、批号、灭菌开始时间、培养温度等信息都有据可查。

5. 培育本土菌种生产企业，稳供江西特色优质种源

一是加大对本土菌种生产企业的培育力度，支持本土菌种企业加快大宗菌、珍稀食用菌以及地方特色菌种研发，着力打造菌种产业优势龙头企业。二是加快构建商业化育种体系，支持、推动菌种企业与科研单位、金融机构、菌业主产区对接，通过“智慧+”提升菌种企业发展。三是抓紧制定茶树菇、香菇等江西特色菌种质量标准，严格实行一、二、三级菌种的分级管理，严格把控一级种源，落实生产许可证制度，全面提升江西特色菌种生产水平和供应能力。

课题组主要成员：

魏云辉　江西省农业科学院农业微生物研究所副所长、研究员
李　庆　江西省农业科学院农业经济与信息研究所副所长、研究员
陈绪涛　江西省农业科学院农业微生物研究所助理研究员
徐光耀　江西省农业科学院农业经济与信息研究所助理研究员
戴　丹　江西省农业科学院农业微生物研究所助理研究员
彭新红　江西省农业科学院农业微生物研究所助理研究员
卢　慧　江西省农业科学院农业经济与信息研究所助理研究员

第三部分

农业创新发展

把握趋势　抓住重点　更新机制 加快江西省农业科技创新*

加快农业科技创新，是实施乡村振兴的重要支撑。适应我国农业发展由增产导向转向提质导向的变化，破解江西省农业“大而不强”的矛盾，加快实现由传统农业大省向现代农业强省转变，迫切需要农业科技创新提供有力支撑。

一、紧紧把握农业科技创新发展的趋势

1. 我国农业已经进入了由增产导向转向提质导向的发展阶段，农业科技创新的作用更加突出

农业的高质量发展不仅要提供优质安全的农产品，还要提供清新美丽的田园风光、洁净良好的生态环境。与此相适应，质量兴农、绿色兴农，将成为农业发展的主旋律；质量变革、效率变革、动力变革，将成为推动现代农业发展的重要因素。科技是第一生产力，推动农业发展的质量变革、效率变革、动力变革，实现质量兴农、绿色兴农，在很大程度上取决于农业科技创新。

2. 农业科技革命不断深化，新的趋势越来越明显

一是农业科学与技术一体化发展趋势日益明显。农业科学、农业技术的边界日益模糊，科学理论推动技术突破、技术发展拉动理论创新的趋势更加突出，周期日益缩短。二是农业科技交叉化、分支化并行发展，同时向广度、深度不断拓展。三是农业科技与产业的结合日趋紧密。产业需求驱动技术创新，技术创新促进产业发展，越来越成为普遍共识。以引领性、突破性、颠覆性为显著特征的生物技术成为引领农业科技革命的新引擎；以物联

---

* 本文于 2019 年 1 月 4 日获时任副省长肯定性批示；于 2019 年 2 月 27 日获时任省政协副主席肯定性批示。

网、大数据为依托的智慧农业技术成为未来农业发展的新航标；高效农机装备成为农业现代化的加速器。

3. 面对农业科技革命的纵深发展，农业科技创新还存在明显不足

主要表现在：支撑重大突破的基础前沿性理论研究储备不足；面向需求导向的技术研发不足；有利于科技与经济紧密结合的体制机制还不完善。

4. 展望未来，农业科技创新要以推动农业供给侧结构性改革为目标

要致力于提升农业产业质量、效益和竞争力，促进农业绿色发展。既要面向国家重大需求，完善农业科技创新体系；又面向农业农村主战场，提高农业科技供给质量；还要面向世界农业科技前沿，努力实现弯道超车、跨越发展。

二、紧紧抓住江西省农业科技创新的重点

（一）破解江西省农业“大而不强”的矛盾，是农业科技创新的重点任务

党的十八大以来，江西省农业初步走出了一条产出高效、产品安全、资源节约、环境友好的现代农业强省之路。但江西省农业依然是短板，“大而不强”的特征还没有改变，突出表现为以下 5 个方面。

1. 产量不少，但“名、优、特”产品不多

江西省稻谷产量位居全国前列，但绝大多数是籼稻，米质优、口感好的品种较少，万年贡米、奉新大米，已有一定的名气，但由于品质不稳定，产量难以提高。赣南脐橙种植面积不少，但优质果比重不高；全省柑橘产量不少，但类似寻乌蜜橘、易家河蜜橘的高品质产品少。江西省茶叶不乏优等品质，但“优而不特”、“特而不响”的现象依然普遍存在，浮梁茶、狗牯脑茶、婺源绿茶早在 1915 年就获得万国博览会金奖，庐山云雾茶也在 1959 年就获得新中国十大名茶称号，但在外形上不如浙江龙井、江苏碧螺春那样有特色，在口感上不如福建铁观音、云南普洱茶那样有特点。广丰马家柚不能不说品质上乘，但名气不大，市场占有率不高。

2. 质量不差，但响亮的品牌不多

一方面，作为“物华天宝”之地流传下来的 40 多个“贡”字号农产品，远未发扬光大。例如，广昌白莲、南丰蜜橘、泰和乌鸡、万年贡米，曾经都

是响当当的皇家贡品，但时至今日，名声日渐式微。另一方面，企业自主品牌不强。据统计，截至2016年底，全省有中国驰名商标38个，中国名牌产品8个，中华老字号14个，江西省著名商标和江西名牌产品258个，各类农产品知名区域名牌56个，商标品牌的数量不少，但市场竞争力强、在全国叫得响的品牌屈指可数。

3. 农产品加工转化率低，整体效益不高

2017年，江西省农产品加工转化率为60.9%，低于全国平均水平4个百分点。2013—2017年，江西省农副食品加工利润平均每年127.09亿元，仅为同期山东省的20%。2017年，江西省共有省级农业龙头企业865家，其中加工型企业只占60%；规模以上农产品加工企业主营业务收入5 979亿元，位列全国第12位，约为排名第一山东省33 791亿元的18%，比周边省份河南（23 601亿元）、江苏（17 678亿元）、湖南（15 010亿元）、湖北（11 500亿元）、安徽（8 450亿元）均低。2013—2017年，江西省农业投入产出比为1.74，列全国第14位，低于周边省份湖北（1.80）、湖南（2.22）、江苏（2.09）、广东（2.15），与排名第一的重庆（2.76）差距明显。

4. 农产品市场规模小，配套体系不完善

2015年，江西省亿元以上农产品交易市场100个，交易额808.6亿元，而同期江苏省分别为191个、2 924.1亿元，差距明显。2016年，全国十大农产品批发市场，江西省周边的浙江、江苏、湖北、湖南、广东、河南都有入选，而江西省没有。2017年，在全国农产品批发市场百强中，江西省只有南昌深圳农产品批发市场和宜春市赣西农副产品批发市场2家入选，而周边省份浙江、江苏、广东、河南、湖南、湖北分别有5、10、10、6、3、4家入选。2015年，江西省年均交易额2 000万元以上的物流企业81家，年均交易额10亿元以上的农产品交易市场14个，而湖北省同期交易额过亿元的物流企业179家，年均交易额10亿元以上的农产品交易市场59个。2015年，江西省农产品冷库库容60万吨，而湖北省为290万吨；全省果蔬、肉类、水产品冷链流通率分别为9%、20%、28%，与发达国家平均水平（80%）相差还很大。

5. 农业产业结构不合理，“三大一小”格局依然存在

江西省农业产业结构“传统”特点浓重。在种养业结构中，种植业比重偏大；在种植业内部的粮、经、饲结构中，粮食比重偏大；在养殖业结构中，猪的比重偏大；在经济作物结构中，蔬菜比重偏小。

上述情况说明，江西省农业正处在由传统农业大省向现代农业强省的转变之中，迫切需要加快破解“大而不强”的矛盾。要加快由传统农业大省向现代农业强省的转变，最根本的在于加快江西省农业生产力的整体提升和重点突破。科技是第一生产力，推动江西省农业生产力的整体提升和重点突破，农业科技创新需要担当重要使命。

（二）支撑江西省农业结构调整九大产业工程，是农业科技创新的重点课题

围绕到2020年基本形成“产地生态、产品绿色、产业融合、产出高效”的现代农业发展新格局，江西省制定了关于加快农业结构调整的行动计划，确定了培育产值超2 000亿元的产业1个（稻米）、超1 000亿元的产业4个（水产、蔬菜、果业、休闲农业与乡村旅游）、超100亿元的产业4个（茶叶、中药材、草地畜牧业、油茶）的发展目标，并提出到2020年主要农作物耕种收综合机械化率达到70%以上、农业科技进步贡献率达到60%以上、农业信息化水平达到60%以上的科技进步要求。这九大产业工程涉及的新品种、新技术、新模式和综合配套技术，是江西省农业科技创新的重点课题。

根据质量兴农、绿色兴农、效益优先的发展要求，围绕江西省农业结构调整九大产业工程，需要优先解决以下四大类农业科技创新需求。

1. 推进质量兴农、品牌强农的技术体系

①以生产技术规范的制订以及按标准生产的推行为重点，推进优质农产品生产环节的标准化，城市郊区、“菜篮子”主产区需要优先实施。②安全农产品执法监督环节的农产品质量安全追溯体系建设，绿色、有机、品牌农产品需要优先实施。③生产要素集成环节的现代科技装备支撑。其中，特色高效品种或技术创制、粮食和特色优势作物良种研发、设施农业装备集成与本土创新需要优先实施。

2. 促进农业竞争力提升和农民收入增长的技术体系

①节本增效类技术：适于机械化作业、轻简化栽培的新品种选育；果菜茶、养殖业、农产品初加工等关键机械化技术试点示范；节水节肥节药绿色

新品种选育和更新换代等。②规模经营类技术：与土地托管、联耕联种、代耕代种、统防统治相适应的技术。③产业融合类技术：农产品保鲜、储藏、分级、包装等初加工设施技术。④农业功能拓展类技术：促进休闲农业、分享农场、共享农庄、创意农业、特色农耕文化产业发展的相关技术。

3. 符合绿色导向和农业可持续发展的技术体系

①投入品减量类技术：减肥减药及其相关的化肥替代、病虫害绿色防控技术；动物疫病防控、兽用抗菌药物减量使用技术。②废弃物资源化利用类技术：畜禽粪污资源化利用技术、秸秆综合利用技术，城市郊区、水源保护区、长江九江沿线、环鄱阳湖周边需要优先实施。③农业资源养护类技术：土壤污染管控和修复技术、土地轮作休耕技术。

4. 推进信息化与农业融合发展的技术体系

构建农业农村数据资源体系，建设重要农产品市场信息平台、新型农业经营主体信息直报平台，推进政务信息资源整合共享；实施信息进村入户工程，强化村级信息员选聘培育；实施智慧农业工程，建设天空地数字农业管理系统，推进农业物联网试验示范。

（三）坚持全面提升与重点突破相结合，深入实施农业科技创新重点工程

1. 围绕农产品质量安全重点领域，深入实施绿色安全高效关键技术工程

开展绿色增产增效技术集成模式研究与示范；农产品优质、安全、高产、高效生产技术创新；农业生物质资源利用科技攻关；突破节水节肥节药等技术、农业清洁生产、耕地重金属和农产品产地污染治理修复等技术。加强农产品质量安全风险评估、冷链物流配送及储运保鲜营养等技术研究；开展农业大健康资源营养和功能成分筛选研究，攻关加工营养品质的稳态化、营养和功能成分制备提取技术。

2. 围绕动植物种质资源创新重点领域，深入推进现代种业提升工程

“科技兴农，良种先行”，大力培育一批竞争力强的种业龙头企业和育种技术团队。加强基因组学技术的研发，构建“育、繁、推”商业化育种技术体系，提高种质资源保护、育种创新、良种繁育能力。通过联合攻关，创制一批具有自主知识产权的重大突破性绿色优质新品种，推进“绿色种业”

建设。

3. 围绕农业设施装备重点领域，深入推进高效种养加技术集成与研发工程

重点开展轻简、高效、全程机械化技术研究与集成应用，大力研发和引进适合江西地形地貌的小型化、实用型机械。加大特色作物设备的研发，解决如油菜收割、棉花采摘、白莲处理、脐橙去皮等瓶颈问题；因地制宜创制一批适合江西绿色农产品精深加工技术装备、智能化管理的设施种养关键技术与装备；打通种、养、加全产业链关键技术，突破多目标管理的农田灌溉排集成技术，开展生物固氮、高效嫁接、设施环境下果蔬风味营养品质管控等技术研究。

4. 围绕农业信息化重点领域，深入实施现代智慧农业信息技术和智能装备工程

推进NB-LOT、EMTC、AR、VR等移动宽带的技术应用，注重农业大数据的集成，建立农业大数据中心和现代农业科技服务云平台；建立覆盖全省农产品质量安全追溯管理信息系统，加大互联网、物联网、人工智能设备、遥感等数字农业技术研发和应用；加快基于空地大数据的“作物一张图”研制，探索农业网络化管理。突破农业信息智能和识别关键技术；开展精准农业数字化管理和智能决策等关键技术研究。

三、坚持走“政产学研用”一体化的农业科技协同创新之路

农业科技创新涉及不同主体之间创新要素的合理组合以及创新链条不同环节之间的密切配合，在农业科技革命日益深化的趋势下，需要从“单兵作战”转向“协同创新”。农业所处的基础产业地位及其在市场条件下表现出来的弱质性特点，决定了农业科技创新更必须走“政产学研用”一体化的协同创新之路。“政产学研用”分别代表政府机构、企业、高等院校、研究机构和目标用户五种力量。“政产学研用”一体化协同创新的实质在于通过政府引导和机制安排，促进大学、研究机构、企业发挥各自能力、整合资源，实现各方优势互补，加快技术研发、推广应用和产业化。当前，推进江西省“政产学研用”一体化农业科技协同创新，需要采取以下几项重点措施。

（一）加强“政”的引导作用

1. 建立“政产学研用”一体化农业科技协同创新协调领导小组

由省政府行政主管领导挂帅，农业、科技、教育、财政、科研院所等部门（单位）为成员，吸收农业行业协会、农业龙头企业代表参加，成立协调领导小组，负责组建省级协同创新重点团队；落实协同创新专项经费；审定协同创新重大项目及经费安排；发布协同创新重要成果；促进重大科技成果供需对接；协调重大成果知识产权共享及利益分配关系；研究考核机制和激励政策。

2. 建立优质稻、蔬菜、果业、茶叶、水产、油茶、草食畜、中药材等产业“政产学研用”一体化协同创新体系

与现有省级产业技术体系对接，设立创新团队、首席专家、核心企业、试验示范基地，负责具体实施协同创新任务。

3. 建立风险分担与利益共享机制

建立“产”、“学”、“研”、“用”各主体在协同创新过程中的风险分担机制，明确协同各方在合作过程中的责任担当。建立和完善利益共享机制，加强知识产权的保护和管理，规范科技成果评价和奖励制度，保证各方利益的平衡。

4. 建立创新链各环节的分工协调机制

以企业为主体的用户部门负责提出创新需求和成果运用；高校和科研院所负责项目研究、技术攻关、成果产出；政府部门负责规划引导、经费保障、政策支持、立项审批、成果验收与推广转化。

（二）增强“产”、“用”的主体地位

1. 开展“政产学研用”一体化农业科技协同创新省级农业龙头企业、示范性合作社、典型专业大户遴选

对接农业结构调整“九大产业工程”，动态遴选一批具有培育潜力、示范性强、带动面大的“产”、“用”主体，纳入协同创新体系，优先给予项目支持，优先安排成果运用，优先享受创新成果。

2. 营造“多投入、优产出、有回报”的外部环境，增强“产”、“用”主体重视创新、热爱创新的内生动力

完善国家粮食收储政策，增设优质稻品种，实行优质优价；打通以市场

竞争为导向的农产品生产目标区域与消费目标市场之间的信息通道、物流通道、销售通道，实现货畅其流、产销对接、优质优价。

（三）激发“学”、“研”的主动参与

1. 面向江西省经济社会建设主战场，调整优化学科专业结构

由“根据现有资源、条件设置学科专业、研究机构”转向“面向经济社会需求设置学科专业、研究机构”。高校主动对接江西省未来人才需求，加强应用型专业设置，加强学科交叉，打通专业链与产业链、创新链的联系。科研机构主动对接江西省创新型省份建设，聚焦农业供给侧结构性改革，聚焦农业高质量发展。

2. 建立以创新和质量为导向的多元评价机制

在绩效分配中，更重视学术研究的实际价值，彻底解放生产力，让从事基础研究的，能真正静下心来，瞄准国际前沿，取得原创成果；让从事应用研究的，能积极主动转化成果，为经济社会发展作出贡献；让带着成果创业的，有能进能出的“旋转门”，宽容失败，解除社会保障等方面的后顾之忧。

课题组主要成员：

池泽新　江西省农业科学院党委书记、教授

彭柳林　江西省农业科学院农业经济与信息研究所助理研究员

付江凡　江西省农业科学院农业经济与信息研究所所长、研究员

余艳锋　江西省农业科学院农业经济与信息研究所副研究员

吴昌华　江西省农业科学院农业经济与信息研究所副所长、副研究员

周海波　江西省农业科学院农业经济与信息研究所副研究员

王长松　江西省农业科学院农业经济与信息研究所研究实习员

加快江西省工厂农业发展的对策建议

2019 年江西省委 1 号文件《关于坚持农业农村优先发展做好“三农”工作的实施意见》提出要“大力发展品牌农业、规模农业、工厂农业、智慧农业、绿色农业和创新农业”。2018 年 11 月 20 日至 21 日，省长易炼红在全省农业发展大会上强调指出，要围绕现代农业标准、技术、设施、方式以及现代农民等要素，加快发展工厂农业。本文根据对江西省工厂农业发展状况的初步调研，对江西省加快发展工厂农业提出若干建议。

一、工厂农业是农业农村现代化的必然选择

“设施农业”是利用一定的设施，在局部范围改善或创造环境气象因素，为动植物生长发育提供良好的环境条件而进行有效生产的农业。“工厂农业”是设施农业的高级层次，是指在相对可控的环境条件下，将工业发展理念引入农业，采用工业化生产方式实现农产品连续、集约、高效生产的现代化生产方式，其特点是以物质和技术要素替代土地资源要素实现土地节省，通过设备场所，在人工控制或制造的环境条件下，采用先进工程技术手段进行动植物高效生产，实现不受大自然因素制约的连续生产，并通过物理隔离病虫草害，生产管理自动化信息化，生产资料绿色化，最终使得农业生产力大幅度提高，农产品等级和产投比明显提升。“工厂农业”是农业现代化的必然选择，主要表现在以下几个方面。

1. 应对农业劳动力短缺和技术进步的需要

传统农业生产方式对劳动力数量依赖严重。随着农民外出就业规模扩大，农村特别是传统农区农业劳动力数量减少、质量弱化，农村“空心化”、“老龄化”问题凸显，传统农业难以为继。种粮大户信息员反馈，“人工请不起，农忙时节一个工一天 200 元，而且还不容易请到。”工厂农业采用机械化自动化操作

方式，劳动强度低，劳动收益增加，能有效应对农业劳动力短缺与老龄化问题。

2. 应对土地水资源约束与土壤退化问题的需要

江西省地形地貌大致为“六山一水二分田，一分道路和庄园”，且以山地丘陵为主，人多地少是基本省情。江西省土水资源约束已经严重限制露地种植发展。农业面临污染的形势依然严峻，工业“三废”和城市生活污染逐渐向农业农村扩散。因长期大量使用农药化肥，已经造成温室大棚土壤板结、酸化、盐渍化、营养失调，土壤污染和病虫害频繁发生，城市扩展和工程建设大量占用农用土地，造成优质耕地资源减少。发展工厂农业能有效破解水土资源束缚难题，提高水土利用效率；摆脱土地质量限制，充分利用劣等耕地与非耕地资源。

3. 逐步摆脱农业“靠天吃饭”困扰的需要

一方面，虽然近年来江西省投入了大量资金用于农田水利建设，但由于历史欠账较多，农田基础设施老化的问题仍然比较突出，一些地区正常灌溉得不到有效保障，农田排灌“最后一公里”问题还有待解决，农民靠天吃饭的现状未得到根本改变。另一方面，气象灾害频繁发生，对畜牧、水产以及种植业造成严重损失。工厂农业可以实现人工控制生产环境，有望逐步摆脱农业“靠天吃饭”的困扰。

4. 满足食品安全和绿色发展的需要

耕地重金属污染、农业面源污染，对农产品产地环境带来直接影响，危及食品安全。江西省耕地面积 4 633.7 万亩，总体状况较为清洁，但受高背景值土壤及人类活动的双重影响，局部地区存在重金属（镉、汞、砷）超标，影响畜禽、水稻和蔬菜产业健康发展。随着人们生活和教育水平提升，社会公众对食品安全意识不断提高，农业绿色发展需求迫切。工厂农业可以人工控制或制造环境条件，大大提高农产品质量，更好满足社会公众对优质、安全农产品的需求。

二、江西省工厂农业发展现状与问题

1. 设施农业体量不大，机械化程度较低

改革开放 40 年来，江西省较好地发挥了科技在农业生产中的运用，设施农业得到了蓬勃发展。2017 年，全省设施蔬菜面积 43.28 万亩，设施蔬菜产量 85.79 万吨，分别占全省蔬菜面积和产量的 4.7%和 5.8%；设施蔬菜单产达到了每亩 1 982.21 千克，比全省蔬菜平均单产高 24.6%。设施瓜果面积 8.69 万亩、产量 14.80 万吨，分别占全省瓜果面积和产量的 7.2% 和 6.9%；设施花卉面积和设施食用菌产量分别占了全省花卉面积、食用菌产量的 56.8%、56.4%。总的来看，江西省设施农业占比不高，尤其是设施蔬菜、设施瓜果占比偏低。据调查，江西省发展设施农业缺乏适合设施大棚的作业机械，设施栽培的机械化程度较低，土地翻犁、播种、育苗和灌溉等还是以人工为主，人工劳动成本较高。

2. 工厂农业领域不宽，集群化水平不高

江西省工厂农业主要集中在工厂化育秧、工厂化蔬菜、工厂化食用菌和工厂化水产等方面。例如，江西成新农场建成了先进的工厂化育秧中心，实现育秧全程机械化、自动化、流水化作业，把农业上技术要求最高、最难掌握的催芽和最易受天气影响育秧环节进行工厂化生产。赣州、永丰等地建立工厂化蔬菜育苗中心，采用大棚温室、喷灌、滴灌、机械生产等先进生产手段，实施蔬菜标准化生产。2018 年，南昌市开展工厂化循环水养殖鲟鱼苗种孵化及养殖技术推广，实现生态效益与经济效益的统一，对周边环境基本没有影响。江西中田现代农业科技有限公司以农业秸秆及畜禽粪便作原料，利用国外技术自制有机肥栽培有机无公害双孢菇，采用工厂化仿生车间栽培技术，反季节（夏季）生产，实现生产操作机械化、生长环境智能化、鲜菇生产全年化、产品质量标准化。会昌县工厂化鱼菜共生项目，将名贵鱼种和高附加值蔬菜有机搭配，实现了动物、植物与微生物的生态和谐与平衡，鱼类养殖密度能达到传统方式的 100 倍，一年能出三次鱼。总的来看，各地区只有零星企业涉足某类工厂农业，存在应用领域不宽、示范推广不足、产业集群化水平低下等问题。

3. 适合工厂农业需要的技能人才供给不足，高水平专业人才缺乏

工厂农业属于高技术密集型的产业，涵盖栽培技术、管理、园艺技术、机械和自动控制等学科系统工程。因此，工厂农业对人才的要求较高，不仅需要掌握作物栽培技术和自动化操作技术，还要具备一定的管理能力。经调查发现江西农业劳动力老龄化、女性化、低学历化问题突出，农业从业者平均年龄在 55 岁左右，学历大多在初中及以下，仅仅具备一定的栽培技术，缺乏相应的管理知识，难以掌握并把现代化的生产技术和管理技术应用到工厂农业上。

4. 带动工厂农业发展的重点龙头企业不多，有影响的品牌偏少

调查发现江西省大型农业龙头企业不多，参与工厂农业发展的企业更少。截至2017年底，全省省级以上龙头企业865家，销售收入超十亿元的龙头企业只有36家，超百亿元的只有3家。农业产业化水平整体不高，竞争力弱，对工厂农业的带动作用有限。同时，工厂化农业品牌建设与管理水平也不高，工厂化农业经营主体创建名优品牌、农产品地理标志、驰名商标和名牌农产品非常少，工厂农业生产出来的产品优质优价不明显。

三、加快推进江西省工厂农业发展的对策建议

1. 适时凝练工厂农业发展目标

紧紧围绕乡村振兴战略和农业供给侧结构性改革的要求，坚持创新、协调、绿色、开放、共享五大发展理念，加大扶持力度，创新发展机制，提升技术装备，完善生产标准，建成一批产业层次高、科技能力强、供给质量优、综合效益好的工厂农业示范样板。充分发挥工厂农业在生产能力和科技创新等方面的优势和作用，着力培育新动能、打造新业态、扶持新主体、拓宽新渠道，加快农业转型升级，提升江西省现代农业发展的档次、效益和竞争力，实现江西省农业高质量跨越式发展。

2. 超前选准工厂农业发展重点项目

破解农业“大而不强”的矛盾，支撑农业结构调整九大产业发展工程，是江西省工厂农业发展的重点课题。因此，江西省工厂农业发展在项目选择上要突出重点，集中投入，在若干领域及应用方面先易后难，循序渐进。鉴于目前江西省工厂农业在育秧、园艺、养殖和食用菌方面具有较好的实践基础和成功经验，建议江西省工厂农业开发应用重点选择以下几大产业。

一是工厂化育苗和育种。水稻育苗重点引进和选育优质品种，推广集约化育秧技术；蔬菜育苗重点引进、示范和推广设施专用品种；花卉育苗重点采取组培育苗等技术，提升品种品质；果树育苗重点发展脱毒苗工厂化生产技术；畜牧育种重点发展主导养殖品种的良种繁育；水产育苗重点开展良种引进、提纯复壮和更新换代工作。

二是工厂化园艺。蔬菜重点加快地方特色有机蔬菜（如江西芦笋、余干

辣椒等）和反季节蔬菜设施更新改造，提高机械化作业水平和环境调控能力，发展精深加工；林果重点发展赣南脐橙、南丰蜜橘、靖安椪柑、广丰马家柚、赣北早熟梨、奉新和宜丰猕猴桃等适宜工厂化种植的优良品种；茶叶重点发展庐山云雾、狗牯脑、婺源绿茶、浮梁茶、宁红等江西名茶环境调控能力和精深加工；花卉重点发展高档盆花、观赏苗木以及小盆栽、切花切叶、食药用等功能性花卉；药草重点发展适合工厂化的高端、名贵中药材。

三是工厂化养殖。重点推动畜（广丰山羊、赣西山羊、玉山黑猪、乐平花猪）、禽（泰和乌鸡、崇仁麻鸡、宁都黄鸡、瓦灰鸡、兴国灰鹅、吉安红毛鸭、大余麻鸭）等江西特色畜禽产业工厂化发展，特别是高端乳制品加工和畜禽屠宰加工；水产养殖重点发展江西“四野”（鲟鱼、娃娃鱼、胭脂鱼、棘胸鱼）、南丰甲鱼、鄱阳湖银鱼、余干黄鳝、青虾、中华草龟、种龟等优势品种工厂化养殖及加工。

四是工厂化食用菌。重点强化香菇、茶树菇、灵芝、草菇、杏鲍菇、双孢蘑菇等品种为主栽品种的江西六大优势产业带工厂化发展，突破发展优良珍稀菌种选育、野生菌驯化以及新品种栽培技术研究，加速品种更新换代，发展精深加工。

3. 规划引导工厂农业合理布局

围绕打造江西省农业结构调整九大产业发展工程，立足资源禀赋和区域优势，坚持区域化布局集约化发展，逐步实现工厂农业与江西重点产业功能片区协调发展的格局。一是在“三区一片水稻生产基地”重点发展水稻育秧为主的工厂农业。二是“一片两线生猪生产基地”、“沿江环湖水禽生产基地”和“环鄱阳湖渔业生产基地”重点发展工厂化养殖。三是在“一环两带蔬菜生产基地”、“南橘北梨中柚果业生产基地”和“四大茶叶生产基地”重点发展工厂化园艺。四是在江西食用菌产业五大优势区（以新余、新干、吉安为中心的香菇生产区；以广昌、黎川为中心的茶树菇生产区；以宜黄、鹰潭、乐安为中心的竹荪生产区；以上饶、余干为中心的猪肚菇、滑子菇生产区；以赣州、信丰、安远、宜春为中心的金针菇、草菇、杏鲍菇、白玉菇、双孢蘑菇生产区）重点发展工厂化食用菌。

4. 充分发挥现代农业产业园区载体优势

近年来，全省上下大力实施百县百园工程，截至 2017 年，全省创建国家级现代农业示范区 11 个、省级现代农业示范区 66 个，建设初具规模的示范核心园 105 个。发展江西省工厂农业应充分发挥现代农业产业园区载体优势。一是把工厂农业作为现代农业产业园区建设的一项重要内容，整合工厂农业生产要素，将政策资金、水电路讯等基础设施、经营主体培育、农业科技创新、农产品质量安全等方面的资源向园区集聚，规划建设一批工厂农业示范园区。二是鼓励工厂农业经营主体发展无公害农产品、绿色食品、有机食品和地理标志农产品认证，推行质量管理体系（ISO）、良好农业操作规范（GAP）、良好生产规范（GMP）以及危害分析与关键控制点（HACCP）等标准的认证评价，创建一批工厂农业标准化生产示范园，建立健全工厂农业标准体系以及农产品质量安全监管追溯体系。

5. 大力提升工厂农业智能化装备水平

“数字农业”项目应率先支持工厂农业，加快推进物联网、远程控制等信息技术和智能装备在工厂农业领域的应用。一是加强工厂化园艺设施工程化建设，发展智能型玻璃温室大棚，引进推广水肥一体化智能控制系统，提高机械化作业及环境控制装备水平。二是工厂化畜牧养殖重点推动饲料精准投放、疾病远程诊断、废弃物资源化利用及无害化处理等装备的应用。三是工厂化水产养殖重点提升养殖设施建设标准，完善自动化供排水、供氧、投饵及温控等系统，探索发展不同类型的工厂化循环水养殖模式。四是加强工厂农业产品初加工、精深加工、仓储物流、包装标识等方面的智能化设施建设。

6. 着力推行产业化经营品牌化销售

鼓励农业龙头企业通过直接投资、参股经营等方式，建设标准化和规模化示范基地。引导农业龙头企业优化要素资源配置，加强产业链建设和供应链管理，发展农产品加工流通、电子商务和农业社会化服务，提高产品附加值。鼓励农业龙头企业间利用各自专业化优势，积极对接，形成互补，推进原料生产、加工、仓储物流、市场营销等融合发展，打造更加完整的工厂化农业产业链条。提升工厂化农业品牌建设与管理水平，引导工厂化农业经营主体创建名优品牌，鼓励和帮助申报农产品地理标志、驰名商标和名牌农产品，对申报省级及以上农业品牌的经营主体进行重点扶持。充分利用“赣农宝”电商平台积极推介工厂化农业产品。

课题组主要成员：

池泽新　江西省农业科学院党委书记、教授

彭柳林　江西省农业科学院农业经济与信息研究所助理研究员（执笔人）

余艳锋　江西省农业科学院农业经济与信息研究所副研究员

付江凡　江西省农业科学院农业经济与信息研究所所长、研究员

周开洪　江西省农业科学院党政办主任、研究员

王长松　江西省农业科学院农业经济与信息研究所研究实习员

加快江西省品牌农业发展的对策建议*

品牌是现代农业发展的重要标志。目前，江西省农业正处于由农业大省向农业强省的转变阶段，亟需加强农业品牌的培育和壮大，走出一条具有江西特色的品牌强农之路。

一、江西省品牌农业创建的现状

1. 政府多措并举，谋划品牌农业全局

一是强化政策引导。江西省先后出台了《关于推进全省茶叶品牌整合的实施意见》、《关于加快推进农产品品牌建设的意见》、《关于实施乡村振兴战略加快推进现代农业强省建设的意见》等政策文件，支持引导品牌建设。制定了《江西名牌产品认定管理办法》，加强了“三品一标”农产品的培育、管理和保护，规范了农业名牌产品的认定工作。二是全面整合资源。精心打造“四绿一红”（狗牯脑、婺源绿茶、庐山云雾、浮梁茶、宁红茶）茶叶品牌，创建“鄱阳湖水产”、“江西地方鸡”（泰和乌鸡、崇仁麻鸡、宁都黄鸡）、“沿江环湖”水禽以及“7＋2”稻米区域公用品牌。三是加大宣传力度。利用各类媒介和平台，加大江西农业品牌的宣传和推广。从2017年开始，省财政每年安排1亿元用于江西农产品在中央电视台进行广告宣传，先后组织21个区域公用品牌和26家企业积极参与，实现了中央电视台一套新闻栏目广告全覆盖；利用农交会、绿博会、世博会等平台，积极宣传推介赣企和赣品；在江西人民广播电台、江西农业杂志、今日头条开设“生态鄱阳湖·绿色农产品”专栏，不断扩大赣产绿色农产品的市场影响力和占有率。

---

* 本文于2020年6月23日获时任副省长肯定性批示。

2. 经营主体积极响应，提升农业品牌价值

一是农业品牌经营主体不断壮大。据省农业农村厅统计，2019 年全省农民专业合作社达 7.03 万家，成员总数达 111.85 万人；家庭农场达 3.85 万个，经营总收入突破 70 亿元；农民合作社联合社达到 343 家；农业产业化省级龙头企业 865 家，其中国家重点龙头企业 40 家。二是农业品牌认证数量显著增加。据省绿色食品发展中心统计，2019 年江西省“三品一标”农产品总量达到 5 335 个，绿色有机农产品 2 555 个；江西省质量兴省领导小组认定的“2018 年江西名牌产品”中农业类名牌产品有 60 个；2019 年省农业农村厅评选并发布了全省农产品“十大区域公用品牌”和“50 强企业品牌”。三是农业品牌价值持续上升。2018 年和 2019 年“中国品牌价值评价信息发布”中，江西省均有 4 个区域品牌上榜，2020 年有 12 个区域品牌上榜，农业品牌价值不断攀升；2019 年中国茶叶区域公用品牌价值评估中，“四绿一红”品牌总价值 109.61 亿元，同比增长 14.75%；“7＋2”稻米区域公用品牌销售收入达 48 亿元，赣南脐橙品牌价值达 675.4 亿元，列全国水果类产品首位；南丰蜜橘在 2018 中国果品品牌价值评估中位列第七位，品牌价值达 51.14 亿元；在 2018 年第四届中国果业品牌大会上，江西老果农农业发展有限公司“老果农”品牌及江西田润农业发展有限公司“鲜甜多”品牌分别以价值 2.33 亿元、1.20 亿元位居“2018 中国果品商业品牌”第 22 位、40 位。四是深入推进农业与文旅产业的品牌融合。全域布局休闲农业和乡村旅游业，2018 年休闲农业和乡村旅游总产值达到 931 亿元，逐步建立具有江西特色、在全国具有一定影响力的休闲农业品牌体系。例如，万年县围绕稻作文化打造的“稻作旅游”，南丰县打造的世界橘都文化体验与休闲度假之旅等。

3. 体制机制逐步健全，夯实品牌农业基础

一是农业标准化生产体系逐步建立。各类新型农业经营主体聚焦打造全国知名绿色有机农产品供应基地，制定、实施统一的生产技术标准，组织广大社员进行标准化生产。截至 2018 年底，全省已有 2 137 家农民专业合作社拥有注册商标，全省农民合作社生产、加工、销售的无公害产品，占全省无公害产品的 60%以上；全省 2 600 多家示范合作社，标准化生产率达 100%。根据江西省标准化网站统计，截至 2019 年 5 月，全省发布了 305 项农业地方标准，涵盖了粮、油、棉、麻、畜禽、水产、果类、茶叶、蔬菜等主要农产品，基本实现了农业生产有标可依。建设农业标准化示范区共287个，其中国家级示范区136个、省级示范区151个。二是品牌农业营销呈现多元模式。关注传统线下市场的同时，深入推进农产品电商市场，各类主导产品纷纷开通电商渠道，在淘宝网、京东、微信平台等进行网络销售。企业积极探索“互联网＋农业”，开辟了以赣县“指尖农业”、上犹“互联网＋私人订制茶园”、万年“私人原种场”为代表的新模式。根据赣州市商务局统计的数据，2018年赣南脐橙电商交易额达到50.89亿元，电商销售额占比达到42.4%。三是农产品检测体系不断健全。建立了省、市、县、乡四级农产品质量安全监管和检测机构，形成了以部省级质检中心为龙头、设区市级质检中心为骨干、县乡级质检站为基础的农产品质检网络。同时，启动了全省农产品质量监管追溯体系建设，依托江西智慧农业“123＋N”三大核心平台，建立了覆盖省市县和生产流通各环节的农产品质量安全追溯信息系统，实现了全省主要农产品质量安全可追溯。

二、江西省品牌农业发展存在的问题

1. 品牌整体效益挖掘不够，特色农产品市场占比不高

一是“三品一标”的总量较低。目前江西省“三品一标”产品数量仅占全国总数的4.38%，老字号的农产品认证率不到20%，优质农产品还未充分挖掘，认证覆盖面还有待进一步开发。二是“三品一标”申报积极性不高。这与江西省对“三品一标”生产经营单位的奖补范围较窄、标准较低也有关联。据了解，2018年南昌市对“三品一标”认证企业的平均补助为1.16万元，而邻省安徽省2018年奖补“三品一标”认证生产经营单位1 530家，奖补资金达5 185万元，平均每家企业奖补约3.39万元。三是重注册、轻经营的现象严重。有些经营主体重视创建，忽视维护活化和危机处理，导致大量认定标识、注册商标闲置甚至失效，从而导致优质农产品有品牌无供应，许多具有地方特色的农业资源和优质农产品的影响面不广，品牌效应无法充分显现出来。

2. 标准化覆盖面不全，经营主体标准执行力不够

一是制定和修订的农业地方标准总量尚少。据各省标准化信息服务平台

统计，截至2019年5月，江西省制定的农业类地方标准有305项，山东省有1 235项，贵州省有760项，差距较大。二是农业标准的适用性有待提高，标准化生产技术应用覆盖面不够。受地形地貌、气候条件、经营主体、劳动力结构、传统习惯、科技水平等自然社会因素的影响，全省各地实施标准化生产的水平有所差异，标准化生产技术应用覆盖面差异性大。三是农业标准实施监管不到位，执行落地不够。“三品一标”认证后，往往出现生产记录不规范、不按时复查换证等现象，后期跟踪管理不到位，加之第三方检测缺失以及质量追溯体系未能全覆盖运行，“问题”农产品时有出现。

3. 营销整体能力不强，本土农业品牌培育壮大不快

一是品牌扩张力度不足。多数品牌只注重商标的识别功能和促销功能，品牌差异化和独占性不突出，品牌影响力仅停留在局部地域，在全国叫得响、具有竞争力的强势品牌少，农产品国际商标注册数量不多。二是人文资源挖掘力度不够。茶叶是江西千百年来对外交流的主打名片，也是江西赣文化的一个历史活化石，唐代大诗人白居易在诗中“商人重利轻别离，前月浮梁买茶去”揭示了江西茶叶在唐代的辉煌。《宋代·食货志》谈到“紫笋、阳羡、日铸、谢源、黄龙、双井”6个极品名茶中，江西就有3个。其中，“谢源”为婺源茶，“黄龙、双井”为隆兴（南昌古称）茶。但是，目前江西省茶产业发展未能很好地融合传统中华文化和茶文化，未能形成助其跨越式发展的软实力，茶产业种植面积、产量产值在全国均处于欠发达地位。

三、加快江西省品牌农业发展的对策建议

1. 创新品牌农业发展理念，落实“品牌强农战略”

一是做好品牌农业的顶层设计和全局谋划。制定《江西省农业品牌发展战略》，将农业品牌建设纳入农业产业发展的重要内容。二是打造农业品牌“金字塔”。从区域、行业、企业等多个层面制定农产品区域公用品牌、企业品牌、产品品牌的发展规划；根据不同地区的实际，引导重点发展的具体农业产业，着力培育区域优势、特色、精致农业品牌。三是加快建立江西知名农产品区域公用品牌、企业品牌、“老字号”和“贡字号”产品品牌目录制度。四是设立农业品牌发展专项资金。扶持农业龙头企业、农民专业合作社、家庭农场等新型生产经营主体开展品牌化经营，加大对品牌农业的奖补

和政策性金融支持，将农业品牌产品生产纳入政策性保险范围。五是扩大对“三品一标”和名优特新农产品在税收、工商、质检等方面的支持力度，充分调动农业生产经营主体创建品牌的积极性。

2. 保障农产品优质安全，做到“标准规范生产”

一是加强农业标准规范体系建设。完善农业投入品管理、产品分等分级、产地准出、质量追溯、贮运包装等方面的标准，推进农业标准化生产。二是开展标准示范园（区）建设。推进标准化技术的落地执行，形成一批可复制、可推广的示范样板。三是加快建设农产品质量安全监管体系。加强县乡农产品质量安全监管能力建设，保障区域品牌农产品的质量和特色。四是加快完善全省农产品质量安全追溯平台建设。建设农产品快速检测综合信息服务平台，扩大追溯主体和农产品追溯范围，将龙头企业、农民合作社、家庭农场和种养大户等新型经营主体纳入追溯范围，力争将更多的农产品纳入追溯体系。

3. 添加品牌价值要素，彰显“品牌多维价值”

一是加快“产学研”平台建设。鼓励企业、高等院校、科研院所合作开发高附加值的农产品和精深加工产品，强化科技创新对品牌价值的支撑作用。二是壮大赣地农业品牌。建设一批集研发、生产、加工、销售于一体的现代农业园区，加快资源性产品向初加工、精深加工产品转变，推进个性化定制、柔性化生产，打造特色优势农产品生产、加工、物流聚集地，将资源优势、生态优势转化成品牌价值。三是充分发挥产业融合效应。深挖农业在生态休闲、旅游观光、农耕体验、教育科普、康体养生等方面的价值功能，促进农业与其他产业的交融发展，形成多业态、多功能的现代农业产业体系，丰富品牌的文化价值。

4. 壮大本土经营主体，打造“绿色赣字品牌”

一是浓厚品牌强农氛围。把品牌建设作为农业农村经济的重点工作来抓，提升品牌强农意识，形成政府重视、经营主体主动、消费者认知，多方合力推进农业品牌建设的良好氛围。二是重塑江西特色农产品品牌文化。从特色农产品种植历史、传统文化风俗、历史典故等方面，赋予江西特色农产品应有的品牌文化，特别是具有悠久历史的“贡字号”特色农产品。三是加大品牌农业宣传。充分利用国内外形式多样的农业展览会、产销交流会、农产品推介活动等，灵活运用互联网、移动互联网等新媒体，抓好“赣”字号品牌农产品的宣传工作。四是培育一批农业品牌经营主力军。引导建立以农业产业化企业为龙头、合作社为纽带、家庭农场和种养大户为基础、社会化服务组织为保障的新型品牌经营联盟，积极扶持联盟成员申请商标、推广品牌。

5. 强化品牌兴农保障，完善“品牌服务体系”

一是加强公共服务平台建设。解决品牌农业各环节管理中可能出现的多头管理、监管缺位、重复管理等现象，以一整套优质服务作为支撑，形成品牌农业管理合力。二是建立健全全程管理机制。从认证、推广、识别、延伸、评价等各个关键环节制定相应的规划标准，做到全程“有据可依”。三是强化执法保障。整合各部门执法力量，严厉打击侵犯知识产权和制假售假行为，加强信用信息运用和失信惩戒。

课题组主要成员：

池泽新　江西省农业科学院党委书记、教授
卢　慧　江西省农业科学院农业经济与信息研究所助理研究员（执笔人）
李　庆　江西省农业科学院农业经济与信息研究所副所长、研究员
聂园英　江西省农业科学院农业经济与信息研究所助理研究员
周开洪　江西省农业科学院党委（行政）办公室主任、研究员
徐光耀　江西省农业科学院农业经济与信息研究所助理研究员
魏建美　江西省农业科学院农业经济与信息研究所副研究员
王长松　江西省农业科学院农业经济与信息研究所助理研究员

推进江西省规模农业高质量发展的对策建议

规模农业已成为推进农业现代化的重要方式。中央多次强调“发展多种形式规模经营”。江西省规模农业形成了三大类型并取得了良好效果，但也面临诸多问题。唯有正视问题，找到有效路径，才能更好地实现规模农业“强农兴农”目标。

一、江西省规模农业发展的主要类型

近年来，伴随着土地流转的快速推进，家庭农场、专业合作社和农业产业化龙头企业等农业规模经营主体以及农业社会化服务组织不断调整壮大，推动着江西省规模农业发展。据统计，截至2017年，全省农村土地承包经营权流转面积约1 301.3万亩，流转率为40.5%；家庭农场3.82万个，加入农民专业合作社农户6.42万户，规模（销售收入500万元）以上农业产业化龙头企业数量5 223个，各类经营性社会化服务组织超过10万个，托管服务总面积1 006万亩，综合托管率达18.4%。

依据农户、土地流转组织、企业参与程度，江西省规模农业大致可分为土地集中型、服务协作型、共享经营权型等三类。

土地集中型的主要特点是把土地集中起来，由一个独立的主体进行生产和经营决策。根据土地流转组织不同，主要有三种形式。一是通过个人流转土地。主要表现为专业大户、家庭农场获取土地扩大经营规模。二是通过村集体流转土地。2015年江西省被列入土地确权登记颁证试点省份后，大力推进“确权确股不确地”的“三权分置”土地模式，实现了耕地承包权与经营权的分离，为耕地流转提供了产权基础。业主直接与村委商谈，签订流转合同，可以确保相对稳定的流转期限，更易形成规模经营，并激励企业增加投入。据调查，江西欣宁蚕种科技有限公司选择落户于区位优势并不明显的修水县黄溪村，正是因为公司仅需与村委签订土地流转合同，且流转期限长，省去了与各家各户谈判的成本。这种方式更易实现土地连片流转、机械化操作和规模经营，在江西省多地广泛采用。三是通过土地流转合作社流转土地。不管是土地流转还是续租土地，只要跟土地流转合作社联系即可，由合作社代替分散的农民寻找土地需求者，提高了土地流转效率，降低了土地流转交易费用。例如，安义县构建了江西第一家土地流转合作社，建立了土地流转信息化网络交易平台以及土地流转价格评估、政策保障、监督服务三个体系。

服务协作型又被称为农业生产托管或“土地托管”，在确保拥有土地承包经营权前提下，农户将耕、种、管、防、收等全部或部分农田作业交由农业生产性服务组织统一管理。这种类型的特点在于：一是服务组织不需支付土地租金，反而可以向农户收取作业服务费，规模经营的资金压力更小；二是规模经营的风险仍由众多农户分散承担，可以避免农业风险过度集中；三是农户仍然保有承包经营权，迎合了部分农民的“恋土情结”，更容易被农户接受。这种类型在农业社会化服务程度高的区域发展较快，基本上实现了从种到收的服务一体化。例如，江西绿能公司采取“全托管”、“半托管”方式，为农民量身定制“种粮套餐”。公司为农户提供从种子、农药、化肥、农机、烘干和销售一条龙的产前、产中、产后全程托管服务，农户则向公司支付 600～800 元服务费。农户也可“点单”，公司则“照单”提供技术指导、机械化耕种与收割、测土配方、科学施肥、稻谷烘干、储存和销售等半托管服务，农户需按每亩每年 60～80 元向公司支付服务成本费。2018 年，江西绿能公司托管耕地 5.5 万亩，与 300 多名种粮大户签订“土地托管”服务协议。再如，江西崇仁县新绿洲农技服务有限公司，从事集中育秧的“半托管”服务和涉及机耕、机防、机收、烘干全程的“全托管”服务。公司统一采购杂交水稻品种，早晚稻用种量 3.6 斤/亩，比一般农户节约用种量 15％～20％；批量采购价格优惠 10％，且能保证种子质量；机插服务收费每亩 120 元，只有人工栽插费用的 50％；与抛秧相比，秧棚育秧还可节约秧田 50％。2017 年，公司育秧托管服务拓展到万亩，涉及 10 个乡镇。

共享经营权型实质是农户自愿把分散的土地集中起来，把分散的经营整合起来，通过众多小农户联合与合作促进规模化发展，可分为专业合作社带动、产业化经营带动两种具体模式。专业合作社带动模式表现为由农民专业合作社为入社农户提供产前、产中和产后服务，实现农业规模化发展。例如，高安市久洋农机专业合作社、安义县绿能机械服务合作社、安义县金果农机服务专业合作社。农业产业化经营带动模式，以产业化龙头企业为依托，龙头带基地，基地联农户，使各具特色的优势农产品形成区域性的主导产业。订单农业即属于此种模式。例如，省农业农村厅依托“优质稻产业发展工程”、“绿色高质高效创建”、“稻米区域品牌创建”等项目，促进种子企业、种粮大户、加工企业之间相互对接，引导农户与企业签订种植收购优质稻订单，提高产销对接精准性，帮助农户实现“优粮优价”。

二、江西省规模农业发展面临的主要问题

1. 农业龙头企业的带动能力还比较弱

截至2018年，江西省尚没有超千亿的农业龙头企业，农产品精深加工的企业占比低、规模小、加工能力弱，与农户间的利益联结机制不畅，政府的支持力度不够，有效资金投入少，技术落后，整体实力不强，对规模农业的带动作用还比较弱。2017年，省级农业龙头企业865家，规模以上农产品加工企业主营业务收入5 979亿元，位列全国第12位，与全国排名第一的山东（33 791亿元）相比，差距明显。

2. 农业社会化服务引领能力不足

随着规模农业的快速增长和非农就业率的持续上升，“统分结合”的双层经营体制迫切需要增强服务功能。农业社会化服务的发展在一定程度上弥补了“统”的不足。然而，当前诸多农业社会化服务组织多为自发生长、粗放发展，缺乏规范的管理制度，尚未形成规模化，在机械化服务、农业科技服务、合作金融服务和市场购销服务等方面难以引领小农发展现代农业。

3. 发展规模农业的利益驱动不够强

农业不同于其他行业，属长线投资。投资人作为理性经济人，力求资本投入利益最大化。因此，更多的投资人将资本集中投入在短平快产业，如蔬菜、花卉、水果等。而对传统产业，如粮棉油的资本投入少，原因在于其投入产出比持续走低。从实际情况来看，江西棉油播面快速缩减，棉花播面从2009年的7.551万公顷缩减到2017年的6.9万公顷，油菜籽播面由2009

年的 53.849 万公顷调整到 2018 年的 48.53 万公顷；稻谷面积基本持稳，但种植结构逐年调整，表现明显的是早稻播面由 2009 年的 140.08 万公顷缩减到 2018 年的 120.76 万公顷。

4. 土地的流转与适度集中还不通畅

一是小农家庭经营仍是江西省农业经营主体。据统计，2016 年全省农业户数约 864 万户，其中，普通农户 853.8 万户，占比高达 98.82%。二是土地流转费用过高。全省平均地租 400 元/亩，部分种植效益较好的区域，地租高达 1 000 元/亩。过高的流转费用拉低了农业经营利润，限制了规模经营。三是退租或“跑路”现象突出。2017—2018 年，农产品价格走低，尤其是种粮大户面临严重亏损，减小经营规模的“退地”现象和拖欠流转费用甚至“跑路”的问题比较突出。四是土地的细碎化格局限制了田块集中。据第二次全国土地调查数据显示，全省人均耕地 1.04 亩，比全国人均 1.52 亩少 0.48 亩。由于农村承包地分配时过于追求公平，导致承包地的分布零散。据调查，全省多数农户家庭 1 亩承包地大致分为 3～5 块。由于存在较高的交易费用，通过农户之间的调换田块使细碎化的田块达到集中连片难以实现。

5. 面向规模农业的金融扶持乏力

一是经营权抵押存在抵押物有效性和处置难题。省农业农村厅已在 10 个试点县（含市、区）开展农村综合产权交易市场建设，设立县乡两级农村承包土地经营权抵押贷款服务，允许业主以流转而来的土地经营权抵押贷款，在其违约时，金融机构有权将土地经营权流转出去，用流转收益偿还贷款本息，期满后再把经营权返还给农户。但实际上，业主违约后抵押物处置困难，将坏账风险集中在了金融机构。因此，金融机构开展经营权抵押贷款业务的积极性不高。二是尽管财政和银行信贷部门逐年加大对农业规模经营主体的投入和支持，但相比工业、服务业仍十分有限，农业投入主要还是依靠经营业主的自身积累。

6. 农业科技支撑作用发挥不够

一是农业龙头企业自建研发机构不足，创新能力不强。江西省国家重点农业龙头企业拥有研发机构的不多，即使有也大多处于初创期或成长期，数量和质量有待提升。二是农业科技推广与农业科研衔接不紧密。农业科研、教育、农技推广部门间合作机制不顺畅，农业科研成果难以及时传递到农技推广部门，农技推广部门尤其是乡镇基层农技推广部门因人员老化、知识面有限、人才队伍不稳定等因素无法及时将科研成果在农村推广。据统计，2011 年全省国有经济企事业单位农业技术人员占全省专业技术人员总数的 3.13%，2017 年占比 2.11%，有下降趋势。

三、推进江西省规模农业发展的对策建议

1. 正确认识和处理规模农业与小农户经营的关系

规模农业的实现并不完全依赖土地规模经营，也可以通过生产环节的农业服务规模经营，以及农民之间、农民与新型经营主体之间、各种新型经营主体之间的入股、入社等联合与合作来实现。因此，必须正确认识和处理规模农业与小农户经营的关系，在尊重小农户经营仍然是我国农业经营的主要形式的前提下，通过合作社、社会服务组织等方式推进规模农业发展。

2. 强化农业龙头企业产业链的带动效应

以市场为导向，立足本地农业资源优势和特色，鼓励有竞争优势和带动力强的龙头企业科学确定主导产业和产品，加快形成区域性产业优势和产品优势。发挥农业龙头企业技术研发、投入品生产与优化、技术支持、生产性服务、标准化管理、产品储运、市场开发、品牌营销等产业链的带动效应，将小农户经营的相关环节循序渐进地集中起来，形成专业化、规模化经营。

3. 发挥现代农业社会化服务组织的聚合效应

大力扶持现代农业社会化服务组织，创新农业服务体系，通过多元化、多层次农业生产性服务，改变小农户独立封闭的生产经营活动，将分散的小农户汇聚起来，与现代农业有效衔接，既将小农户纳入现代农业的轨道，又通过农业生产性服务实现农业规模经营。

4. 因地制宜推行差异化、高效规模农业经营模式

综合考虑省内不同地区的生产力发展水平、劳动力转移程度及自然环境条件、人地比例、产业特色和产品特点，确定差异化的规模农业标准及其经营模式，在注重生态安全的基础上，采用高效种植模式，提高土地回报率。

5. 完善农村土地“三权分置”

2017 年中央 1 号文件指出：“规模经营可以通过流转经营权、代耕、代

种等方式”。因此，借鉴全国各地推进农村土地“三权”分置改革成功案例，从法律角度明确并细化土地改革内容，保障经营权和承包权主体利益平衡，在土地所有权不变基础上，加强对经营权流转监督管理，创新土地经营方式，采取土地入股、土地托管、代耕代种、整体流转等方式，总结形成适合不同地区的“三权”分置具体路径和办法，探索更多放活土地经营权的有效途径。

6. 创新财政支农方式

继续完善农村金融体系，创新“一户多保”、“土地反担保”、抵押、质押等担保方式，健全抵押担保制度；建立专项风险保障资金，完善风险分担、补偿机制，并规范土地流转中介市场体系，提高抵押品处置有效性。完善投融资制度，通过新型农业经营主体中长期大额贷款贴息，建立新型农业经营主体发展财政专项、农户规范发展资金互助和信用合作等方式，解决规模农业融资难问题。总结推广财政支农方式创新的成功经验，推广一批具有创新性和推广价值的改革经验，如“银行＋保险＋期货”金融联合创新模式。

7. 加大科技创新研发推广力度

明确现代农业科技的发展目标与重点，支持规模化龙头企业加强与科研院校的研发合作，通过共同设立研发基金、实验室、成果推广站等产学研平台，引导企业主动增加对重大农业技术攻关、技术改造、技术推广的投入，不断提高企业竞争力。鼓励农技推广机构和农技人员，通过提供增值服务与龙头企业和农户构建多种形式联合。推进科研成果权益分配改革，完善科研成果权益转化分配链条，支持科研院校专家通过兼职、挂职、签订合同等方式与企业开展科技合作，充实企业技术人才队伍。

课题组主要成员：

付江凡　江西省农业科学院农业经济与信息研究所所长、研究员
余艳锋　江西省农业科学院农业经济与信息研究所副研究员（执笔人）
彭柳林　江西省农业科学院农业经济与信息研究所助理研究员
周海波　江西省农业科学院农业经济与信息研究所副研究员
王长松　江西省农业科学院农业经济与信息研究所研究实习员

实施农业科技创新工程
支撑江西省农业高质量发展

为深入贯彻落实党的十九届五中全会精神、习近平总书记视察江西时的重要讲话精神，抓紧抓实省委十四届十二次全会精神落地见效，贯彻落实省委书记刘奇同志“江西省农业科学院等科研院所要在农业创新发展中发挥更大作用”的明确要求，江西省农业科学院在全面总结“十三五”期间科技创新工作、横向对比兄弟省市农科院发展的基础上，对标对表“十四五”期间目标任务，将以“农业科技创新工程”为主抓手，聚焦江西省农业供给侧结构性改革的重大科技需求，夯基础，补短板，强弱项，大力实施新品种创新、关键技术突破、创新能力提升、成果转化量质提升四项工程，为江西省农业高质量发展提供有效支撑。

一、破解江西省农业“大而不强”矛盾的关键在于加强农业科技创新

党的十八大以来，江西省农业走出了一条产出高效、产品安全、资源节约、环境友好的现代农业强省之路。但是，江西省农业依然是短板，“大而不强”的特征还没有改变，突出表现为：农业资源丰富，但“名、优、特”产品不多；农产品质量不差，但响亮的品牌不多；农业龙头企业不少，但精深加工龙头企业不多；农业产业链短，一二三产业融合度低。

科技创新是破解江西省农业“大而不强”矛盾的根本之策。江西省农业“大而不强”的深层原因是科技创新不足，最为明显的表现是农业大品种少、核心关键技术少、高科技装备少、高效生产经营模式少、本土创新成果市场占有率低（“四少一低”）。例如，目前江西省高校、科研机构育成的水稻品种占全省的比重还不到50%，而江苏省农业科学院2014年以来提供的水稻、小麦、牛心甘蓝、草莓等作物品种占全省比例分别达到75%、65%、

80%和 50%，山东省农业科学院育成的品种在全省种植面积过千万亩的小麦、玉米、棉花、花生、果树五大类作物中占主体地位。2018 年江西省农业科学院一次性转让水稻新品种 6 个，转让收益不到 500 万元，而同年江苏省农业科学院全院成果转化收益 1.84 亿元，单项转化收益千万元以上的成果有 8 项。又如，山东省农业科学院 2021 年 10 月首次举办科技成果拍卖会，24 项新成果总成交价 11 045 万元，溢价率 103.3%。其中，"猪繁殖与呼吸综合征新型弱毒疫苗（NJ-1106R 株）生产经营权"高达 4 050 万元。尽管成果转化收益的高低不完全取决于成果自身因素，还与市场行情有关，但高收益的前提必然是高质量的成果，而高质量的成果只能来源于高水平的科技创新。因此，深入实施创新驱动战略，加强农业科技创新，支撑服务农业供给侧结构性改革，是破解江西省农业"大而不强"矛盾的根本途径。

从发展趋势来看，农业高质量发展，也将在很大程度上取决于农业科技创新。省委十四届十二次全会提出了到 2035 年建成"农业强省"的奋斗目标。实现这一目标，必须坚定地走农业高质量发展之路。江西省农业的高质量发展之路，是服从国家战略需要与发挥江西省比较优势紧密结合之路；是找准自身位置，积极参与新发展格局构建，有效纳入"双循环"发展之路，是新一轮影响空前的结构变迁，涉及江西省中长期农业综合生产能力建设，契合江西省中长期农业供给侧结构性改革，无疑需要强有力的科技创新提供支撑。农业的高质量发展，不仅要提供优质安全的农产品，还要提供清新美丽的田园风光、洁净良好的生态环境。与此相适应，质量兴农、绿色兴农，将成为农业发展的主旋律；质量变革、效率变革、动力变革，将成为推动现代农业发展的重要因素。科技是第一生产力，推动农业发展的质量变革、效率变革、动力变革，实现质量兴农、绿色兴农，显然，在很大程度上取决于农业科技创新。

当前，农业科技革命正在不断深化。农业科学与技术一体化发展趋势日益明显。科学理论推动技术突破、技术发展拉动理论创新的趋势更加突出。农业科技交叉化、分支化并行发展，同时向广度、深度不断进军。农业科技与产业的结合日趋紧密。产业需求驱动技术创新，技术创新促进产业发展，越来越成为普遍现象。以引领性、突破性、颠覆性为显著特征的生物技术成为引领农业科技革命的新引擎；以物联网、大数据、云计算为依托的智慧农业技术成为未来农业发展的新航标；高效农机装备成为农业现代化的加速器。要跟上农业科技革命的步伐，江西省农业科技创新任重道远。

二、农业科技创新工程的核心要素

（一）总体思路与基本原则

1. 总体思路

以习近平新时代中国特色社会主义思想为指导，深入贯彻落实十九届五中全会精神、习近平总书记视察江西重要讲话精神、省委十四届十二次全会精神和省委省政府决策部署，围绕服务“农业强省”建设目标，聚焦农业结构调整“九大产业发展工程”，以提高科技自主创新水平和支撑产业转型升级能力为中心，改革科技管理机制，推进科技与市场融合、创新与产业对接，给农业插上科技的翅膀，助推农业农村现代化，服务江西省乡村振兴走在全国前列。

2. 基本原则

——政府主导、改革创新。立足农业科技的公益性、基础性和社会性定位，发挥政府在农业科技投入中的主渠道作用，紧紧围绕提升农业质量效益和市场竞争力，充分发挥省级农业科研机构在全省农业科技创新中的龙头作用，改革科研创新机制，优化科技创新资源配置，探索科技创新协作新模式，提高农业科技创新效率。

——问题导向、支撑产业。立足服务全省农业科技重大战略部署，聚焦农业供给侧结构性改革重大科技需求，凝练优势主导产业和区域发展重大关键技术瓶颈，汇聚省内外优势科技力量，集中攻关突破，厚植发展优势，补齐发展短板，引领农业产业转型升级，支撑农业强省建设。

——任务牵引、开放合作。以解决江西农业产业重大科技问题为目标，以重大科技创新任务为牵引，合理配置科技资源，树立开放意识，积极吸纳省内外科研院校优势力量，以任务团队为核心，构建分工协作、高效协同的新型科研创新体系，大幅提升江西省农业科技创新能力。

——统筹兼顾、全面推进。立足提升农业科技自主创新水平和支撑产业发展能力，统筹考虑学科团队建设、创新平台提升、人才培养引进、国际科技合作、管理制度创新等科技创新要素，加强顶层设计和统筹谋划。

（二）建设目标

到 2025 年，在适应江西省农业高质量发展需求、财政稳定投入与适度竞争相结合的农业科研投入机制的支持下，集聚 50 名左右在农业结构调整“九大产业”领域具有重要影响的高层次人才，巩固提升土肥、水稻、芦笋等 3 个学科领域（方向）的地位，新增 10 个左右优势学科领域进入全国第一方阵，形成 30 个“带头人强、创新能力强、转化推广强”的学科团队，在现代种业、绿色高效技术、农产品营养与质量标准、产地环境安全利用与保护、农产品精深加工等重大创新领域，获得一批可以支撑江西省农业发展转型升级的标志性成果，大幅提升江西省农业科技创新水平，形成高水平农业科技创新支撑引领农业高质量发展的良好态势。

（三）重点任务

以服务农业供给侧结构性改革为主线，聚焦“九大产业发展工程”科技支撑需求，着力提升农业科技创新能力和产业支撑能力，破解江西省农业“大而不强”的矛盾，重点实施新品种创新、关键技术突破、创新能力提升、成果转化量质提升等四项工程。

1. 新品种创新工程

主要思路：针对江西省自有的优质品种少、大品种缺乏、附加值低下等系列问题，聚集优势资源，围绕江西省现代种业主要问题和焦点，以种质创新与新品种培育为重点，利用基因鉴定、基因克隆、基因编辑等现代育种技术，构建智能高效分子设计育种技术体系，整体提升江西农业新品种科技创新能力和市场竞争力，加快推进江西省农业高质量发展。

任务目标：培育优质、高产、多抗、适宜机械化、轻简化栽培和资源高效利用作物及动物突破性新品种和地方特色品种 50 个左右，在江西省水稻自育良种比例达 50%。

重点创新方向：

（1）超高产优质水稻新品种培育。培育超高产优质水稻新品种 1～2 个，实现亩产量 1 000 千克，米质达国优 3 级以上；培育特优高产水稻新品种 5～8 个，实现亩产量 600 千克，食味好，米质达国优 1 级，部分品种成为江西省大米区域公用品牌建设的主要品种；解决江西省自有超高产优质水稻新品种少、市场竞争力低的问题。

（2）特色旱粮作物新品种培育。培育特色优质玉米、红薯新品种5～10个，特色功能成分含量提高5%～10%，解决江西省自有特色优质玉米、红薯品种缺乏的问题。

（3）高产优质油料作物新品种培育。培育高产优质油菜、芝麻、花生等新品种3～5个，亩产量提高5%～10%，解决江西省油菜、芝麻和花生高产、优质及高含油量品种匮乏的问题。

（4）江西优质特色果品新品种培育。发掘利用园艺作物新种质资源5～6个，大面积示范、推广的种质资源2个以上，缓解江西优良地方园艺品种（系）短缺问题，提升园艺产业的核心竞争力。

（5）特色优质蔬菜新品种培育。选育优良特色芦笋新品种3～4个、抗病丰产辣椒新品种1～2个、高品质小型南瓜新品种2～3个、优质丰产苦瓜新品种2～3个，解决江西省芦笋、苦瓜、设施茄果优良种缺乏及高品质小型南瓜品种严重依赖进口等问题，做强高端蔬菜产业。

（6）畜禽地方新品种创新。形成3～5个家禽新品系，2～3套家畜杂交配套组合，提高地方家禽（宁都黄鸡、崇仁麻鸡、吉安红毛鸭）、地方山羊（赣西山羊、广丰山羊）及地方猪产品品质、生产性能及经济效益。

2. 产业关键技术创新工程

主要思路：坚持问题导向，围绕制约江西现代农业产业绿色高效的重大关键技术问题，凝聚优势科技力量，重点在农业提质增效、新一代绿色投入品与农业绿色发展、特色优势农产品加工及质量安全、土壤治理及生产能力提升、农业信息化、智能化装备、设施农业、畜禽疫病防控等领域突破一批重大关键技术，支撑引领江西省农业高质量发展。

任务目标：突破核心关键技术100项，研发、创制新产品15～20种，研制行业或省级地方标准25～30项，形成省级以上主推技术15～20项。

重点创新方向：

（1）农业提质增效关键技术创新。突破双季稻（再生稻）优质稻保优抗倒栽培、晚稻早种、优质晚稻提质增香、蔬菜菌根苗节肥增抗、园艺产业提质增效等关键技术并推广，解决土壤劣化、肥水利用率低、种植效益不高、稻米品质差、蔬菜栽培效率低、园艺产业水平低等问题。

（2）新一代绿色投入品与农业绿色发展创新。开展农作物病虫害绿色防控、新型肥料研发、畜禽（水产）新型绿色饲料及饲料添加剂、优质牧草筛选及节地种植等技术研发，解决江西省绿色食品生产标准化、土壤质量退化、畜禽饲料利用率低、特种水产品种疫病、优质高蛋白牧草和中药型牧草缺乏等问题。

(3) 特色优势农产品加工及质量安全技术创新。开展特色优势农产品精深加工、地方优质畜禽产品质量安全风险评估与快速识别等关键技术研究和特色农产品营养功能评价及功能性产品开发，解决农产品精深加工弱、质量安全风险隐患、危害物防控及消解、原料绿色减损干燥贮运等存在的关键技术问题。

(4) 土壤生产能力提升技术创新。突破红黄壤酸化防治、生物质量演变与定向改良、水旱轮作等关键技术，创新改良物化产品，解决江西省红黄壤酸化加剧造成作物产量、生物多样性下降和生态系统破坏、退化及次生障碍加剧等问题。

(5) 农田环境污染治理技术创新。攻关农作物减药增效、农田粪污合理承载、沼液肥安全农用、农田生物多样性、生态功能提升、污染耕地低投入长效性农艺控制等技术，解决农药滥用、乱用造成环境污染日益严重和畜禽养殖污染、农田氮磷流失、农用地土壤污染等主要农业环境问题。

(6) 农业信息化、智能化装备创新。应用区块链、人工智能、北斗、5G、NB-IoT 等新一代信息技术，研制一批轻简化农业生产装备，攻克动物行为监测、疾病预警、无人监管、可信服务等关键技术，解决资源利用不高、农村用工难、生态养殖可信度低等问题。

(7) 设施农业高效栽培模式创新。开展蔬菜连作障碍的消减及高效栽培技术研究和高档温室节能改造、智能灌溉等关键装备研制，解决造成蔬菜产量和品质连年下降和高档温室周年生产冬季加温和降温设备投资大、耗能过高等突出问题。

(8) 畜禽（水产）养殖模式与环境控制技术创新。开展畜禽（水产）种养结合等新型生态养殖模式、技术研究，形成适合南方丘陵地区的循环养殖技术，达到养殖与环境资源合理利用的目的。

(9) 畜禽（水产）主要疫病防控技术创新。开展畜禽主要疫情净化技术、病原菌耐药性与精准用药研究，使江西省主要原种鸡场达到国家净化标准，生猪示范区（场）达到非免疫无疫标准，达到减药减排、提高产品质量的目标。

3. 创新能力提升工程

主要思路：引进科技前沿的高层次人才，有计划培养优秀青年科研骨干，建立完善学科团队梯次培养机制。依托江西省农业科学院与中国农业科学院的科技合作关系，联合培养人才。加强高安、海南综合性试验基地设施建设，优化完善科技创新实验室建设布局，建成资源配置优、支撑能力强、运转能力好的国内一流科技创新平台体系。

任务目标：稳定培养引进具有行业影响力的学科专家50名，建成10个左右居全国第一方阵的优势学科，5个左右区域特色鲜明、具有较强发展后劲的新兴学科，打造成设施完善、功能完备、服务有力的创新平台和孵化器，基本形成与江西省农业高质量发展重大需求相适应的创新能力。

重点任务：

（1）人才建设。以“学科—团队—平台”一体化为主线，调整优化学科布局，引进科技前沿的高层次人才，有计划培养优秀青年科研骨干。到2025年全院博士以上学历人才达200人，行业影响力突出的学科专家50名。

（2）平台建设。加强高安、海南综合性试验基地设施建设，进一步优化完善科技创新实验室建设布局，建成高标准的综合实验大楼、省农作物种质资源库、生物安全防护三级（P3）实验室并投入使用，提升3个国家级平台功能，谋划申报和建设省部级立项的重点工程建设项目1～2个，形成资源配置优、支撑能力强、运转能力好的国内一流科技创新平台体系。

4. 成果转化量质提升工程

主要思路：针对科技成果转化市场占有率偏低等问题，着眼乡村振兴的科技需求，深化科技服务，加速成果转移转化，推动科技成果与产业、企业有效对接，进一步提高农业科技成果转化率和覆盖率，服务全省农业高质量发展。

任务目标：组建一支100人左右的农业专家科技服务团，在县（市、区）设立30个左右博士科技服务工作站，建立10个左右的科技成果示范基地，转化先进适用新品种、新技术50项以上，打造30个乡村振兴科技引领示范村（镇），每年培训新型职业农民 5 000 人次以上。

重点任务：

（1）加快农业科技成果转化。在全省打造 10 个左右的农业科研成果示范基地，辐射带动区域科技成果应用推广和农业产业发展。每年组织 1～2 次“成果推介会”、“成果开放日”和“成果观摩会”等活动，促进科技成果与生产对接。

（2）创新科技服务。围绕江西省县（市、区）农业产业发展科技需求，在全省选择 30 个县（市、区）设立博士科技服务工作站，开展订单科研、定向攻关、点单服务。

（3）开展乡村振兴科技支撑行动。在全省选择 31 个村，进行典型扶持，实施“6261”工程，以产业技术需求为导向，加强重大科技成果的集成熟化、示范推广和转化应用，重点展示应用一批质量优、效益好、潜力大的最新农业科技成果，打造科技支撑乡村产业振兴样板。

（4）开展“新农人”培训。加强农业龙头企业、农民合作社、种养大户、家庭农场等新型农业经营主体和乡镇农技人员、“大学生村官”的培训，助推农业产业人才升级，进一步壮大江西省“一懂两爱”的“新农人”队伍。

三、实施农业科技创新工程的保障措施

1. 强化能力提升

科学遴选学科带头人，引进科技前沿的高层次人才，培养优秀青年科研骨干，建立完善学科团队梯次培养机制。加强高安、海南综合性试验基地设施建设，优化完善科技创新实验室建设布局，建成资源配置优、支撑能力强、运转能力好的国内一流科技创新基地。巩固提升优势学科，培优培强特色学科，拓展培育新兴学科，提升科研核心竞争力和可持续发展能力。

2. 加强联合攻关

落实《中国农业科学院江西省农业科学院科技创新工程战略合作框架协议》的任务，引进中国农业科学院优势科技资源，围绕江西省农业重大科技问题联合攻关。建立院企合作机制，与企业合作建立产业技术研究院，有针对性地推进科技合作攻关和成果直接落地。

3. 落实资金支持

按照“聚集优势资源、集中投入、协同作战、强化攻关”的原则，打造一批科技含量高、综合效益好、全国叫得响的高水平农业科技示范样板，积极争取省财政稳定支持，用于重大品种创新、产业关键技术研究和创新能力建设。

课题组主要成员：

罗林广　江西省农业科学院科技管理处研究员

何俊海　江西省农业科学院科技管理处副研究员

彭柳林　江西省农业科学院农业经济与信息研究所助理研究员（执笔人）

张　春　江西省农业科学院成果转化处副研究员

付江凡　江西省农业科学院农业经济与信息研究所研究员

余艳锋　江西省农业科学院农业经济与信息研究所副研究员

周开洪　江西省农业科学院党政办研究员

肖运萍　江西省农业科学院科技合作处研究员

王长松　江西省农业科学院农业经济与信息研究所助理研究员

余永琦　江西省农业科学院农业经济与信息研究所研究实习员

借鉴重庆经验　推动江西省丘陵山区农田宜机化改造的若干建议*

宜机化是高标准农田建设的重要内容。“十三五”期间，江西省高标准农田建设成效突出，为全国积累了宝贵经验。“十四五”期间，江西省高标准农田建设任务依然艰巨，特别是丘陵山区所占的比重大。重庆针对“巴掌田”、“鸡窝地”开展“改地适机”的宜机化改造，取得良好效果。建议借鉴重庆经验，推动江西省“十四五”丘陵山区农田宜机化改造。

一、推进江西省丘陵山区农田宜机化改造的重要意义

（一）农田宜机化改造是提升丘陵山区农业机械化水平的现实需要

2018 年 12 月 12 日，李克强总理在国务院常务会议上要求“支持丘陵山区农田宜机化改造”。《关于加快推进农业机械化和农机装备产业转型升级的指导意见》（国发〔2018〕42 号）提出，“重点支持丘陵山区开展农田宜机化改造，到 2025 年，丘陵山区县（市、区）农作物耕种收综合机械化率要达到 55%”。2019 年，农业农村部办公厅印发了《丘陵山区农田宜机化改造工作指引（试行）》。2020 年，中央 1 号文件首次明确提出“支持丘陵山区农田宜机化改造”。

2019 年，农业农村部农业机械化管理司摸查显示，中国 1 429 个丘陵山区县农作物耕种收综合机械化水平为 46.87%，比全国平均水平低 21.92 个百分点，比非丘陵山区县低 33.87 个百分点。2020 年，农业机械化管理司对山西、重庆、湖南等 10 个主要丘陵山区省份监测显示，“土地不平整，农机进地后不方便作业”、“地块细碎，作业效率低”和“没有机耕道，农机田

* 本文于 2021 年 5 月 27 日获时任省委副书记、省长肯定性批示；于 2021 年 5 月 29 日获时任副省长肯定性批示。

间转移不便”是制约丘陵山区农业机械化的三大难题，与农田宜机化改造内容完全重合。

（二）丘陵山区农田宜机化改造是江西省“十四五”高标准农田建设的重点

丘陵山地占比大，是江西省国土资源的重要特点。全省土地总面积16.69万平方公里，除北部较为平坦外，东西南部三面环山，中部丘陵起伏。其中，山地占比36%，丘陵占比42%。这就决定了丘陵山区农田是江西省农田的重要组成部分。据第二次国土调查，江西省6°以上耕地占比31.02%，其中6°～15°丘陵耕地占比24.46%，15°～25°山区耕地占比5.37%。

“十三五”期间，江西省高标准农田建设的重点主要在相对容易的区域，丘陵山区的建设比例不高。“十四五”期间，江西省计划新建高标准农田600万亩左右，改造提升900万亩左右。达到这样的目标，意味着“十四五”期间江西省丘陵山区农田将成为高标准农田建设的重点和难点。

（三）加快江西省丘陵山区农业发展迫切要求推进农田宜机化改造

丘陵山区是江西省重要的果、蔬、茶和特色粮油生产基地，丘陵山区的农业发展在全省农业农村发展中关系重大。由于地形条件限制，丘陵山区农田基础设施普遍薄弱，农业机械化水平明显低于平原地区，农业劳动力缺乏且老龄化程度高，因而地块抛荒现象更为突出，在一定程度上影响了丘陵山区的发展。根据《江西省高标准农田建设规划（2021—2025年）》，“十四五”期间，江西省高标准农田建设分区范围涉及81个县（市、区），其中丘陵县（市、区）23个、山区县（市、区）42个，丘陵山区县（市、区）占总数的80%。加快丘陵山区农田宜机化改造，任务艰巨。

从调查情况来看，丰城、九江、宜春、吉安、赣州等地种植户普遍反馈，丘陵山区土地不平整，没有机耕道，地块细碎，严重制约了农机的可达性和使用效率，“无机可用、无好机用、有机难用”问题凸显。同时，请工难、人工成本高、聘请的老龄劳动力风险大等问题又突出，严重制约产业发展。在婺源调研时发现，当地农民种植油菜的意愿已经有所下降，丘陵山区开始出现抛荒现象。其主要原因在于：一方面，年轻人都愿意去繁华的都市，留在农村古色古香建筑里的婺源人大多是耄耋老人，农村青壮年劳动力严重不足；另一方面，当地油菜大多种植在坡地、细碎的小块地，播种、移栽、田间管理、收获、农资运输都非常不方便。

二、重庆丘陵山区农田宜机化改造的经验做法

（一）主要做法

一是由“以机适地”向“改地适机”转变。重庆属于典型的丘陵山区，山地丘陵占比九成多。2014 年开始，重庆农委在推动农机装备结构调整过程中，出现大马力、高性能机具在细碎、坡度大、基础设施不配套的丘陵地块上难以施展问题。2015 年开始，重庆农委把推进丘陵山区农业机械化的工作思路从“以机适地”为主转变为“改地适机”为主，积极探索“农田宜机化＋高效农业＋机械化生产＋多业融合”的丘陵山区现代农业发展路径，从百亩级社组试点开始，到千亩级整村示范，再到万亩级整乡推进。

二是合并农田建设和农机管理职能。职能合并后，农田和农机两方面的力量形成合力，从农田、农机融合角度共同推进丘陵山区农业机械化发展。2014 年以来，重庆市结合农机化工作实践，以问题为导向，相继制定了《重庆市丘陵山区地块整理整治技术规范》，出台了《重庆市农业委员会金融支持农田宜机化整治方案》、《关于农田宜机化整治先建后补的通知》、《关于探索建立涉农资金统筹整合长效机制的实施意见》、《关于做好引导社会资本参与农田宜机化整治工作的通知》、《农业信贷担保或股权投资支持农田宜机化整治产品方案》等一系列政策规定。

三是建立“农户参与、先建后补、定额补助、差额自筹”工作机制。重庆的农田宜机化改造由各类新型经营主体先行改造，验收合格后进行定额补贴，成本差额部分由主体自筹，这种做法有效带动了社会投资，促进了农田建设资金来源的多元化。《重庆市关于农田宜机化整治先建后补的通知》提出，“地（田）块连通改造”每公顷补助 15 000 元、“缓坡化改造”每公顷补助 22 500 元、“水平条田、水平梯田和坡式梯台地改造”每公顷补助 30 000 元。截至 2019 年底，重庆市政府累计投入资金 1.13 亿元，带动规模经营主体投资 4.4 亿元，在全市 32 个区、县实施农田宜机化整治项目 300 多个，累计改造面积 3.4 万公顷。2020 年，重庆市政府投资 1 亿元，2020 年底宜机化改造面积累计达到 6.67 万公顷。

四是实行“土地入股、固定保底、年终分红”的利益分配机制。农户可以先后五次获利。第一次，按照入股土地类型，每年每亩租金旱地200元、水田300元；第二次，按照村集体25%、村民小组15%、合作社10%、入股农户50%的比例，享受年终利润分配；第三次，村民小组15%红利按人头进行分配；第四次，村集体25%红利作为集体发展资金；第五次，村民务工，日收入50元左右。

（二）主要成效

一是吸引大量年轻人投资经营农业，乡村产业振兴出现良好势头。重庆已经实施农田宜机化改造的404个新型经营主体，平均土地经营规模28公顷，平均年龄低于45岁，有相当部分是30多岁的年轻人。这些青壮经营主体将荒山荒地进行宜机化改造，发展特色优势农产品生产，积极申报“三品一标”和深加工销售，推动了当地特色优势农产品规模化、标准化、品牌化发展。

二是丘陵山区农作物全程机械化率和农业全要素效率大幅提升，节本增效明显。农田宜机化改造后，田间管理更加方便，农机装备结构得到优化，90马力*以上的农业机械可自由进出田间地头作业，水稻、油菜、榨菜、花椒、牧草等农作物生产的全程机械化率和劳动生产率大幅提升，平均每亩每茬种植粮食作物节约成本390元，种植主要经济作物节约成本450元。

三是产生广泛影响，全国多省学习借鉴。2017年11月，农业农村部在重庆召开了全国丘陵山区农机化发展座谈会，丘陵山区面积占比较大的21个省（区、市）参加了会议，学习借鉴重庆市丘陵山区耕地宜机化改造经验，湖南、湖北、安徽、山西等省份已决定开展农田宜机化改造试点。如山西省2019—2020年开展了4 000公顷丘陵山区农田宜机化改造试点；湖南省2020年拿出3 000万元在15个县开展1 600公顷农田宜机化改造试点工作；安徽省2020年安排10个县开展试点；四川省2021年进行了农田宜机化改造试点。

三、推动江西省“十四五”丘陵山区农田宜机化改造的建议

一是将丘陵山区农田宜机化改造列为江西省“十四五”高标准农田建设

---

* 1马力=735瓦特。

的重点工程。根据“十四五”期间江西省高标准农田建设任务，特别是丘陵山区梯田化建设目标，丘陵山区农田宜机化建设应当成为高标准农田建设的重要内容，并与“三区”划定、巩固脱贫攻坚成果与乡村振兴有机衔接紧密结合起来，统筹谋划，有序推进。

二是将县级层面农田建设和农业机械化职能合并。参考重庆以及日本、韩国有关农地整备技术标准与规范文件，结合江西省实际，制定出台《江西省丘陵山区农田宜机化改造技术规范》。

三是构建多元化筹资机制。丘陵山区农田宜机化改造的成本比平原地区高标准农田建设的成本更高（依据重庆等地实践，丘陵山区农田宜机化改造成本为4 000元/亩以上，高于江西省现行3 000元/亩的高标准农田建设投入标准），需要考虑在现行高标准农田建设省级投入标准的基础上适当增加投入。为此，在继续整合涉农资金用于高标准农田建设的基础上，还要引导带动社会、金融资金和新型经营主体投融资，用好乡村振兴（高标准农田建设）专项债券，进一步健全多元化筹资机制。

四是建立合理高效的工作推进机制和利益分配机制。坚持“先建后补、差额包干、谁用谁建”原则，推进丘陵山区农田宜机化改造，让家庭农场、合作社、村集体经济组织等成为项目实施主体和项目后期使用主体。借鉴重庆做法，实行“土地入股、固定保底、年终分红”的利益分配机制，并区分不同坡度，制定补助标准。

五是坚持试点先行。先聚力建设若干个省、县共建样板工程，同步重点打造一批示范工程，然后总结经验，逐步推广。

课题组主要成员：

彭柳林　江西省农业科学院农业经济与信息研究所副研究员

余永琦　江西省农业科学院农业经济与信息研究所助理研究员（执笔人）

付江凡　江西省农业科学院农业经济与信息研究所所长、研究员

余艳锋　江西省农业科学院农业经济与信息研究所副研究员

吴昌华　江西省农业科学院农业经济与信息研究所副研究员

王长松　江西省农业科学院农业经济与信息研究所助理研究员

江西省“财政惠农信贷通”支农模式面临的若干问题及对策建议*

2017—2021年，江西省农业科学院团队多次对吉安、宜春、信丰、鄱阳、南昌等地调查发现，目前江西省新型农业经营主体大多处于成长爬坡期，“融资难、融资贵”问题长期制约其发展。2014年，江西省启动了“财政惠农信贷通”融资试点。截至2021年5月底，全省累计贷款749.54亿元，累计受益户数达14.98万余户，贷款余额96.59亿元，当年新增贷款42.01亿元。总体来看，“财政惠农信贷通”受到了市场的欢迎和认可，有效缓解了新型农业经营主体“融资难、融资贵”问题，助推了农业农村改革政策落地生效，取得了较好的经济和社会效益。但与此同时，“财政惠农信贷通”支农模式也面临若干问题，亟待解决。

一、存在的突出问题

1．“一年一贷”期限过短，与农业生产周期和回报周期较长特征不匹配

现行“财政惠农信贷通”政策要求，“财政惠农信贷通”贷款合作以1年为一个周期。调研了解到，由于农业自身的弱质性、周期性和回报长期性等特征，新型农业经营主体强烈希望贷款期限能更长一些。如，鄱阳某种粮大户反映，贷款期限太短了，贷过1年就没有再贷了。因为农业具有风险性，并没有完全摆脱“靠天吃饭”，类似猪周期“挣一年、平一年、赔一年”的特征在农业上普遍存在。像近年干旱、水灾交替出现，种粮亏多赚少，“一年一贷”不切合实际需要，到期根本还不上贷款。尤其是近年部分经营主体搞烘干厂，前期投入大，本金至少要三五年才能收回来。又如，安福县某家庭农场通过“财政惠农信贷通”贷款48万，短期确实缓解了资金压力

* 本文于2021年8月26日获时任省政协副主席肯定性批示。

难题。但是，因为种植作物尤其是林业经济作物需要 3 年甚至更长时间才可收获，一年后根本无法偿还贷款。为了不影响个人征信，最终只能借钱还清贷款后，再进行第二年“财政惠农信贷通”贷款，但无形中花了“过桥费”等费用 8 万元。

2. 银行审核标准过严，普遍要求有公务员或信誉好、城镇有房产人员提供担保

《江西省“财政惠农信贷通”融资试点实施方案》明确要求，合作银行向新型农业经营主体提供的贷款不需要抵押和担保，省、设区市、县（市、区）三级财政按 2∶1∶2 的比例筹集风险补偿资金，存入合作银行，作为“财政惠农信贷通”贷款风险补偿金。但是，调研了解到，大部分地区合作银行要求新型农业经营主体提供一名公务员或信誉好、有资产人员进行担保。然而，现实中，公务员普遍不愿意提供担保。经营主体虽然理解银行的做法，但感到无奈，不太满意。

南昌大学研究团队对 N 县 480 份“财政惠农信贷通”支农政策评价的调查问卷分析发现，在实际申请过程中，出于规避风险的目的，银行会要求申请人提供抵押担保，尤其是金额超过 60 万元贷款。30％的新型农业经营主体认为惠农信贷通申请银行审核过于严格，其中 10％表示“非常不满意”，15％表示“不满意”。

3. 银行存在“惜贷”现象，贷款额度难以满足新型农业经营主体发展需要

《江西省惠农信贷通融资试点实施方案》规定：农民合作社 1 年期最高授信额度 300 万元；家庭农场、种养大户 1 年期最高授信额度 200 万元。调研发现，银行并没有完全下拨申请的额度，而是经评估申请人的经营规模、资金流水、个人财产等条件后，对下拨贷款数额大打折扣。由于大多数新型农业经营主体缺乏有效的抵押担保，也不会像上市公司一样公布财务状况，造成财务信息不对称，部分银行即使贷款额度充足，也不愿意放贷出去。如，2019 年 12 月底，江西省 N 县月末贷款余额 34 284 万元，占贷款发放总额（风险补偿金）的 18.35％，银行存在“慎贷、惜贷”现象。

调研了解到，新型农业经营主体希望通过“惠农信贷通”贷款的平均额度为 60 万～100 万，但大多仅获得 60 万以下贷款，基本没有 200 万以上的贷款。信丰县某经营主体反映，当地个人申请“惠农信贷通”贷款，最终额度基本没有超过30万的。如果以合作社、家庭农场申请更多贷款，需要准备的材料多且复杂，当地合作社管理相对松散，无法提供每月财务报表、纳税证明等一系列材料，最终导致申请失败。

4. 部分地方新型农业经营主体反映审批环节偏多，贷款进度慢

访谈中发现，新型农业经营主体在申请贷款业务时，需要先后将申请表交到村委会—乡镇政府—县农业农村局出具同意意见，再由农业农村局将申请材料汇总成一个批次送往相应贷款银行，再由农业农村局工作人员会同银行工作人员进行实地勘察，确定没有问题后将相关名单与贷款金额交于乡镇公示。公示期满后，在没有异议的前提下，由银行通知申请人现场办理贷款业务，并在两个工作日内发放贷款。一般情况下，从发起申请到贷款下拨，整个流程最快需要2个星期，慢则需要1个月左右时间。部分地区新型农业经营主体反映，贷款审批速度偏慢，有时会影响正常农业生产。

二、对策建议

1. 分类施策，适当延长贷款期限

遵循自然规律和市场规律，建议普通种养业贷款期限延长1～2年，果业、苗木、中药材等特殊经济作物贷款期限延长3～5年。设置“灵活贷款”制度，合作银行可根据自身实际，以市场需求为导向，创新还款方式。多地新型农业经营主体，希望可以按一定比例分期还款，或先还利息后再还本金，适当提高利息也完全可以接受。如按3年贷款期限来算，第1～3年还贷款比例可设置为30%、50%和20%。

2. 引进第三方担保公司，探索“银行+保险”联合贷

为破解需要公务员担保和银行“慎贷、惜贷”的问题，建议在“财政惠农信贷通”政策框架下，引入保险机构，探索“银行+保险”联合贷。充分发挥政策性信贷担保平台的作用，通过引入江西省农业信贷担保有限责任公司等第三方担保公司，以市场需求为导向，优化完善担保产品。及时优化调整担保风险补偿金的投入，鼓励银行加大贷款发放额度，确保大部分经营主体的实际贷款额度可以维持在60万～100万，少数有较大资金需求的经营主体可以维持在100万～200万甚至200万以上，充分保障新型农业经营主体发展壮大的资金需求。

3. 完善征信体系，建立风险防控堡垒制度

加快农村信用体系建设相关的法规制度建设，规范家庭农场、专业合作社等新型农业经营主体管理。建立和完善新型农业经营主体征信体系，搭建新型农业经营主体信用信息平台，并与“财政惠农信贷通”业务信息系统平台实现互联互通。通过信用评定、建立诚信档案和信用“红黑榜”等方式，不断完善对信贷违约的惩罚机制。同时，在贷前公示的基础上，增加贷后及风险补偿资金公示制度，提升政策的透明度。建立预警机制和叫停机制，在风险补偿金达到一定数额时，叫停惠农信贷通业务。

4. 深化“放管服”改革，优化办理和续贷流程

将村委会、乡镇政府、县直部门意见整合在一起，让数据多跑路，群众少跑腿，真正做到一次申请，一次认定，只跑一次，不断简化办理流程，尤其是简化续贷流程，减少贷款申请人的负担。

课题组主要成员：

付江凡　江西省农业科学院农业经济与信息研究所所长、研究员
彭柳林　江西省农业科学院农业经济与信息研究所副研究员（执笔人）
余艳锋　江西省农业科学院农业经济与信息研究所副研究员
王长松　江西省农业科学院农业经济与信息研究所助理研究员
余永琦　江西省农业科学院农业经济与信息研究所助理研究员
夏建华　江西省农业技术推广中心经济师

江西省农产品加工业的位势分析及对策建议

江西省第十五次党代会明确提出，加快构建现代经济体系，着力提高江西在全国构建新发展格局中的位势，并强调大力发展农产品精深加工，促进一二三产业融合发展，加快建设农业强省。本文利用2004—2018年四次全国经济普查数据[①]，并结合实际调查掌握的情况，分析江西省农产品加工业在全国的位势及其原因，提出若干对策建议。

一、江西省农产品加工业在全国和中部地区的位势分析

农产品加工业是指直接或间接以农、林、牧、渔业产品、野生动植物资源等农产品为原料的工业。根据《国际标准产业分类》（ISIC）体系，农产品加工业具体包括食品、饮料和烟草加工，木材和木材产品，纺织、服装和皮革制造，纸张和纸产品加工、印刷出版，橡胶产品加工五大类。特定区域农产品加工业在全国或者局部区域所处的位势，可以通过农产品加工业的区域集中度来观察。农产品加工业的区域集中度一般用规模排列前5位或前8位区域的营业收入占全国整个行业营业收入的份额表示，分别用CR_5和CR_8表示。

1. 农产品加工业在全国的区域分布呈扩大趋势

近年来，以德国工业4.0和美国制造业回归为标志，全球制造业尤其是智能制造开启了新征程。《中国制造2025》提出脱虚就实，加快推进制造业创新发展，实现从制造大国向制造强国转变。全国各地审时度势，纷纷启动了新一轮制造业强省战略，加速了农产品加工业发展，农产品加工业区域集

① 全国经济普查每4年1次，包括《第一次全国经济普查》（2004）、《第二次全国经济普查》（2008）、《第三次全国经济普查》（2013）、《第四次全国经济普查》（2018）。

中度呈现下降走势，其区域分布不断扩大。如表1所示，总体来看，2004—2018年我国农产品加工业规模排列前5位区域的营业收入占全国整个行业营业收入的份额（CR_5）由2004年的0.611 9逐步下降至2018年的0.495 2，降幅达19.1%；规模排列前8位区域的营业收入占全国整个行业营业收入的份额（CR_8）由2004年的0.744 4逐步下降至2018年的0.665 7，降幅达10.6%。从细分行业来看，2004—2018年，除烟草制造业（C16）外，其余行业的区域集中度CR_5、CR_8均保持下降的趋势。

表1　2004—2018年我国农产品加工业及其细分行业CR_5和CR_8分布情况

行业类别	CR_5				CR_8			
	2004年	2008年	2013年	2018年	2004年	2008年	2013年	2018年
农产品加工业	0.611 9	0.587 2	0.501 7	0.495 2	0.744 4	0.714 1	0.652 6	0.665 7
C13	0.544 0	0.530 1	0.480 6	0.439 1	0.675 6	0.664 1	0.624 0	0.621 4
C14	0.468 3	0.500 7	0.430 3	0.430 8	0.640 7	0.628 4	0.565 1	0.600 5
C15	0.497 4	0.472 5	0.468 5	0.481 2	0.630 3	0.619 6	0.614 7	0.642 9
C16	0.496 8	0.477 1	0.468 5	0.511 6	0.650 2	0.636 1	0.614 7	0.678 0
C17	0.769 6	0.773 7	0.700 1	0.669 6	0.865 7	0.867 5	0.846 7	0.833 5
C18	0.785 0	0.766 5	0.671 3	0.677 1	0.908 6	0.886 9	0.807 8	0.841 7
C19	0.765 7	0.736 5	0.659 5	0.702 0	0.901 0	0.885 7	0.839 0	0.839 7
C20	0.593 4	0.559 5	0.514 5	0.554 3	0.722 2	0.721 1	0.676 1	0.739 1
C21	0.710 1	0.674 3	0.585 6	0.629 2	0.842 9	0.824 8	0.734 6	0.781 0
C22	0.675 1	0.674 6	0.571 4	0.624 4	0.801 0	0.789 0	0.716 0	0.749 2
C23	0.620 5	0.579 1	0.517 3	0.512 6	0.742 8	0.708 1	0.666 8	0.696 7
C29	0.647 5	0.647 6	0.587 1	0.610 7	0.792 5	0.807 7	0.726 0	0.743 0

注：根据《第四次全国经济普查》的行业分类，将农产品加工业分为农副食品加工业（C13），食品制造业（C14），饮料制造业（C15），烟草制造业（C16），纺织业（C17），纺织服装、服饰业（C18），皮革、毛皮、羽毛及其制品和制鞋业（C19），木材加工和木、竹、藤、棕、草制品业（C20），家具制造业（C21），造纸和纸制品业（C22），印刷和记录媒介复制业（C23），橡胶和塑料制品业（C29）等12个细分行业。数据基于国家统计局发布的数据测算整理而得。下同。

2. 东部沿海发达地区农产品加工业正在向中西部地区扩散转移

一段时间以来，长三角经济区和珠三角经济区作为国内经济活力最大、创新能力最强、制造业基础最雄厚的区域，吸引农产品加工业不断向东部沿海发达地区集聚。如表 2 所示，总体来看，2004—2018 年，江苏、广东、浙江、福建、河南农产品加工产值长期稳居全国前 8 位。具体来看，2004 年我国农产品加工业主要集中在山东、江苏、广东、浙江、福建、上海等东部沿海一带，2008 年新增四川、辽宁农产品加工产值跻身前 8 位，上海、河北被挤出前 8 位；2013 年，湖北农产品加工产值跻身前 8 位，四川被挤出前 8 位；2018 年，四川农产品加工产值又挤进前 8 位，辽宁被挤出前 8 位。

从农产品加工业的 12 个细分行业来看，受政府对烟草产业的管制以及对资源的依赖程度影响，烟草制造业（C16）的前 8 位集聚省区未发生改变，仅内部排位有所变化，主要集聚在云南、湖南、上海、江苏、浙江、广东、河南、山东等省。农副食品加工业（C13）、食品制造业（C14）、纺织业（C17）、纺织服装、服饰业（C18）、皮革、毛皮、羽毛及其制品和制鞋业（C19）、印刷和记录媒介复制业（C23）、橡胶和塑料制品业（C29）等存在由江苏、广东、浙江、上海等东部地区向湖北、湖南等中部地区扩散转移的态势；食品制造业（C14）、家具制造业（C21）、造纸和纸制品业（C22）存在由广东等东部地区向四川等西部地区扩散现象。

表 2　2004—2018 年我国农产品加工业及其细分行业地域分布（CR_8）

行业类别	年份			
	2004	2008	2013	2018
农产品加工业	山东、浙江、江苏、广东、福建、上海、河南、河北	山东、江苏、广东、浙江、河南、福建、辽宁、四川	山东、江苏、广东、浙江、河南、福建、湖北、辽宁	广东、江苏、福建、山东、浙江、河南、湖北、四川
C13	山东、广东、河南、江苏、河北、辽宁、四川、浙江	山东、河南、辽宁、江苏、广东、四川、河北、吉林	山东、河南、辽宁、湖北、江苏、吉林、黑龙江、广东	山东、河南、湖北、广东、湖南、福建、江苏、四川
C14	山东、广东、上海、河南、河北、江苏、内蒙古、福建	山东、河南、广东、内蒙古、上海、福建、河北、江苏	山东、河南、广东、天津、福建、内蒙古、河北、湖北	广东、河南、福建、山东、湖南、四川、内蒙古、湖北

（续）

行业类别	年份			
	2004	2008	2013	2018
C15	山东、广东、浙江、四川、江苏、河北、河南、上海	四川、山东、广东、河南、浙江、江苏、湖北、福建	四川、山东、湖北、河南、广东、江苏、福建、贵州	四川、贵州、江苏、福建、广东、湖北、河南、山东
C16	云南、湖南、上海、江苏、浙江、广东、河南、山东	云南、湖南、上海、江苏、广东、湖北、浙江、河南	四川、山东、湖北、河南、广东、江苏、福建、贵州	云南、上海、湖南、浙江、江苏、湖北、广东、河南
C17	江苏、浙江、山东、广东、福建、上海、河北、河南	江苏、浙江、山东、广东、河南、福建、河北、湖北	山东、江苏、浙江、广东、河南、湖北、福建、河北	江苏、浙江、福建、广东、湖北、山东、河南、**江西**
C18	江苏、广东、浙江、福建、山东、上海、河北、辽宁	山东、江苏、浙江、广东、河南、福建、辽宁、吉林	江苏、广东、浙江、山东、福建、**江西**、辽宁、湖北	广东、江苏、福建、浙江、山东、河南、江西、安徽
C19	浙江、广东、福建、山东、江苏、河北、上海、河南	广东、浙江、山东、上海、辽宁、福建、江苏、河南	福建、广东、浙江、河北、河南、山东、江苏、**江西**	福建、广东、浙江、河南、河北、湖南、江苏、**江西**
C20	江苏、浙江、山东、广东、上海、福建、吉林、河南	山东、广东、江苏、浙江、河南、福建、湖南、河北	江苏、山东、辽宁、吉林、河南、福建、广西、湖南	福建、山东、江苏、广西、湖南、安徽、广东、河南
C21	广东、浙江、上海、山东、江苏、福建、辽宁、天津	广东、浙江、山东、江苏、上海、北京、河南、四川	广东、山东、浙江、河南、辽宁、四川、福建、江苏	广东、浙江、福建、四川、河南、**江西**、上海、江苏
C22	山东、广东、浙江、江苏、河南、福建、河北、上海	山东、广东、江苏、浙江、河南、福建、湖南、河北	山东、广东、江苏、浙江、河南、福建、湖南、河北	广东、山东、浙江、江苏、福建、湖南、河南、四川
C23	广东、浙江、上海、江苏、北京、山东、福建、四川	广东、浙江、山东、江苏、上海、北京、河南、四川	广东、山东、江苏、浙江、河南、安徽、湖南、河北	广东、江苏、湖北、浙江、四川、湖南、福建、山东
C29	山东、江苏、浙江、广东、上海、福建、辽宁、安徽	山东、江苏、浙江、广东、河南、福建、辽宁、上海	山东、广东、浙江、江苏、辽宁、河南、福建、安徽	广东、江苏、山东、浙江、福建、安徽、上海、湖北

3. 江西省农产品加工业的全国排位不断提升但中部地区排位仍未改变

东部沿海发达地区农产品加工业处于绝对领先地位。从 2018 年农产品加工业 12 个细分行业的排名前 8 位集聚地的上榜次数可以发现，超过 10 次以上的分别为广东（13 次）、江苏（12 次）、福建（12 次）、河南（11 次）和山东（10 次），5 次至 10 次之间的分别为浙江（9 次）、湖北（8 次）、四川（7 次）、湖南（7 次），具体见表 3。

表 3　2004—2018 年我国农产品加工业前 8 位集聚地上榜次数统计

省份	2004 年	2008 年	2013 年	2018 年
广东	13	13	12	13
江苏	13	13	12	12
山东	13	12	13	10
河南	9	13	12	11
福建	10	9	11	12
浙江	12	11	8	9
上海	12	6	0	3
河北	8	5	5	1
湖北	0	3	7	8
四川	3	5	3	7
辽宁	4	5	6	0
湖南	1	3	3	7
安徽	1	0	2	3
江西	**0**	**0**	**2**	**4**
吉林	1	2	2	0
内蒙古	1	1	1	1
北京	1	2	0	0
贵州	0	0	2	1
云南	1	0	1	1
天津	1	0	1	0
广西	0	0	1	1
黑龙江	0	0	0	0
山西	0	0	0	0

（续）

省份	2004 年	2008 年	2013 年	2018 年
海南	0	0	0	0
重庆	0	0	0	0
西藏	0	0	0	0
陕西	0	0	0	0
甘肃	0	0	0	0
青海	0	0	0	0
宁夏	0	0	0	0
新疆	0	0	0	0

在这样一个趋势下，江西省农产品加工业在全国的地位稳步提升。如表 4 所示，江西省农产品加工业在全国的市场份额从 2004 年的 1.00%上升到 2018 年的 3.26%，排位从第 21 位上升至第 11 位。从农产品加工业的 12 个细分行业来看，2004 年、2008 年，江西省农产品加工业没有一个行业进入集聚省区前 8 位；2013 年，江西省的纺织服装、服饰业（C18），皮革、毛皮、羽毛及其制品和制鞋业（C19）两个行业进入了前 8 位次集聚省区；2018 年，江西省又新增了纺织业（C17）、家具制造业（C21）两个行业进入了前 8 位次集聚省区。

尽管江西省农产品加工业在全国的地位稳步上升，但与河南、湖北、湖南等省份相比仍存在较大差距，在中部地区排位第 5 位的位置仍未改变。从表 3 和表 4 来看，2004—2018 年，江西省农产品加工业占中部六省的比重逐年增长，但排位一直保持在第 5 位，仅高于山西省。江西省农产品加工业前 8 位集聚地上榜次数排名中部地区第 4 位，河南、湖南、湖北上榜次数分别是江西省的 2.75 倍、2 倍和 1.75 倍。

表 4　2004—2018 年江西农产品加工业营业收入占比情况

年份	2004	2008	2013	2018
江西占全国比重（%）	1.00	1.61	2.59	3.26
江西在全国排位	21	16	13	11
江西占中部省份比重（%）	8.46	10.13	11.99	13.29
江西在中部省份排位	5	5	5	5

二、决定江西省农产品加工业位势的主要因素

1. 全国领先的农产品加工行业数量少

通过对2004—2018年四次全国经济普查数据进行分析发现，江西省农产品加工业产值没有进入全国前5位，也还没有进入全国前8位。2004年和2008年，中部地区仅有河南省进入全国农产品加工业前8位集聚省区；2013年和2018年，湖北省成为继河南省之后又一中部省份的农产品加工业产值跻身全国前8位，位列第7位。从农产品加工业的12个细分行业的前5位集聚地上榜的次数来看，2018年江西省没有一个行业进入全国前5位，中部六省中的湖南省上榜4次、河南省上榜4次、湖北省上榜3次、安徽省和山西省均上榜0次。从农产品加工业的12个细分行业的前8位集聚地上榜的次数来看，2018年江西省上榜4次①，排名中部地区第4位。其中，中部六省中的安徽省上榜3次、山西省上榜0次、湖北省上榜7次、湖南省上榜7次、河南省上榜10次。

2. 农产品加工龙头企业发展不足

2020年，全省规模以上农业龙头企业5 144家，其中国家级仅有52家。销售收入超亿元的农业龙头企业800家，在中部排名第4，超10亿元的仅有46家，在中部排名第5位。河南省超亿元的2 070家、超10亿元的186家；湖南省超亿元的1 520家、超10亿元的80家；安徽省超亿元的超过2 500家、超10亿元的超过100家。江西省农产品加工业总体规模与发达省份相比，还存在较大差距。2019年江西省规模以上农产品加工业企业（年销售收入2 000万元以上）3 174家，中部排名第5位；农产品加工总产值6 223亿元，在中部排名第5位，仅为山东的1/6、河南的1/3、湖北以及湖南的1/2。

3. 农产品精深加工和冷链短板问题突出

2020年，江西省农产品加工率约63%，低于全国平均水平4～5个百分点，而发达国家农产品加工率一般在90%以上。2019年，省农业农村厅对

---

① 从农产品加工业的12个细分行业的前8位集聚地上榜的次数来看，2018年第四次全国经济普查中，江西省上榜行业分别为纺织业，纺织服装、服饰业，皮革、毛皮、羽毛及其制品和制鞋业，家具制造业。

南昌、九江、抚州、上饶、宜春、赣州等六个地级市 50 家农产品加工企业调研发现，初级加工链长、精深加工链短，仅有 20%的调研企业生产精深加工产品；多数企业以初加工、销售原料为主，初加工产品居多，科技含量和产品附加值不够高，且产品单一，同质化严重，缺乏小众类、精准化、中高端产品，没有形成完整的产业链，处于价值链低端。如，江西大米品质好，但调出大米以原粮为主，并没有形成大的产值效益。此外，江西省冷链设施匮乏。疫情严峻期间，不少家禽被低价抛售至广东等省冷藏，疫情缓解后再高价返销回来。

4. 农产品加工业科技创新内生动力不足

一方面，研发投入不够。据统计，2019 年江西省级龙头企业中建有专门科研机构的不足 35%，年科研投入占总销售额 1%以上的龙头企业也只有 25.4%。2018 年江西省农产品加工业研发总投入 31.25 亿元，远低于河南省的 188 亿元。另一方面，科企合作不深。调研发现，企业与科研院所合作大多是以合约式和购买式为主，难以形成长期稳固的合作关系。有些企业急功近利，一旦达不到预期就中断合作；科研院所和人员不愿放弃事业编制和稳定的待遇向企业流动。再者，科技人才不足。调研中，多数企业反映招聘人才难，留住人才更难。农产品加工企业大多在郊区，很难提供与城区相匹配的生活环境，即使工资比城市同级的工资高出 1 000～2 000 元/月，吸引力也有限。

三、做大做强江西省农产品加工业的对策建议

1. 深耕细分赛道，找准农产品加工业发展的切入点

“十四五”期间，牢牢把握农产品精深加工风口，力争将农产品加工业由 2018 年的全国第 11 位挤进全国前 8 位。结合江西实际，聚力打造江西省农产品加工业中的首位行业和主导行业，力争将农产品加工业中的家具制造业、纺织业、纺织服装和服饰业以及皮革、毛皮、羽毛及其制品和制鞋业等 4 个细分行业销售总产值占比挤进全国前 5 位；力争将农副食品加工业、木材加工和木、竹、藤、棕、草制品业，造纸和纸制品业，印刷和记录媒介复制业，橡胶和塑料制品业等 5 个细分行业销售总产值占比挤进全国前 8 位；力争将烟草制造业，食品制造业，饮料制造业等 3 个细分行业销售总产值占比挤进全国前 15 位。

2. 发挥特色优势，聚力打造农产品加工产业集群

以县域为重点，因地制宜，构建江西省粮油加工、果蔬加工、特色经济作物加工、畜禽产品加工、水产品加工等县域优势产业集群，全力打造中部地区重要农产品精深加工基地。加强原料基地建设，发挥江西省作为全国唯一“绿色有机农产品示范基地试点省”优势，重点扶持稻米、生猪、水产、家禽、果业、蔬菜、茶叶、毛竹等特色优势产业发展。打造农产品加工示范样板，引导企业向农业优势产业、优势区域聚集发展，在全省建设一批特色农产品加工园区。

3. 突出招商引资重点，从农产品加工业高集聚度地区引进企业集团

加大融入粤港澳大湾区力度，依托江西省“全国绿色有机农产品示范基地试点省”建设，开展招商引资推介活动，重点向农产品加工产业高集聚程度地区招商，引进一批产业链条长、科技含量高、品牌影响力强、示范带动广的500强企业，推动江西省绿色食品龙头昂起、加工升级、产业融合。其中，农副食品加工业可重点考虑从全国集聚程度排名前3位的山东、河南和湖北引进大型企业集团；食品制造业可重点考虑从全国集聚程度排名前3位的广东、河南和福建引进大型企业集团；饮料制造业可重点考虑从全国集聚程度排名前3位的四川、贵州和江苏引进大型企业集团。

4. 顺应消费需求升级，做大特色农产品加工

聚焦“小食品、大产业”，做大做优方便食品、冻干产品、净菜加工、天然植物萃取等特色农产品加工业。从种养殖、加工、包装、物流、电商、餐饮消费等全产业链视角，推进行业标准化、品牌化、规模化。精准把握消费者需求和市场趋势，培育一批“独一份、特别特、好中优”的“土字号”、“乡字号”加工产品品牌。

5. 加快科技创新，提升农产品加工层次水平

设立农产品加工专项基金，创设由有实力的行业龙头企业牵头的全省农产品加工科技创新联盟，以农产品加工关键环节和瓶颈制约为重点，组织联合技术攻关，研发酶制剂替代品、减损保鲜、梯度加工等先进加工技术。扶持一批农产品加工装备研发机构和生产创制企业，开展信息化、智能化、工程化加工装备研发，集成组装一批科技含量高、适用性广的加工工艺及配套装备，提升农产品加工层次水平。

课题组主要成员：

池泽新　江西省农业科学院党委书记、教授
彭柳林　江西省农业科学院经信所副研究员，江西省情研究特聘专家
卢　慧　江西省农业科学院经信所助理研究员，江西省情研究特聘专家（执笔人）
周巾英　江西省农业科学院加工所副研究员
麻福芳　江西省农业科学院经信所助理研究员
揭　虹　江西省农业科学院经信所副研究员

第四部分

农业绿色发展

推进江西省耕地重金属污染防控和修复工作的对策建议*

江西省委、省政府高度重视耕地重金属污染治理工作。省委书记、省长刘奇同志多次明确要求加强土壤重金属污染治理研究。多年来，江西省农业科学院组织开展了耕地重金属污染治理基础研究及试点试验。根据调研和研究情况，形成若干对策建议。

一、江西省耕地重金属污染的总体分布特征及成因

江西省耕地面积 4 633.7 万亩，总体状况较为清洁，但局部地区存在重金属超标，主要是镉、汞、砷污染。其原因在于高背景值土壤及人类活动的双重影响。

（1）江西省土壤重金属背景值高于全国平均水平。受人类活动影响，区域土壤重金属积累明显，局部地区耕地土壤重金属超标。例如，鄱阳湖生态经济区的城镇密集区、鄱阳湖南部入湖口、乐安河流域等区域土壤砷、镉、汞超标。

（2）铜钨等有色金属、稀土和煤炭等采矿区及加工区周边耕地，因侵蚀和干湿沉降影响，土壤镉、汞等重金属超标。

（3）城市近郊区、工业园区及乡镇企业较为发达区域的周边耕地，受污水灌溉及干湿沉降影响，耕地砷、镉、汞超标。

（4）交通干线（公路、铁路）沿线 100 米范围内，受地表径流和干湿沉降影响，耕地镉、铅超标。

---

* 本文于 2018 年 7 月 4 日获时任省政协副主席肯定性批示；于 2018 年 7 月 11 日获时任副省长肯定性批示；于 2019 年 5 月 27 日获中国科学院院士肯定性批示。

(5) 畜禽养殖密集区，因养殖废水未经有效处理直接排放，部分耕地铜、镉、砷积累。

(6) 水稻主产区基本安全，但重点区域风险较大。一方面，部分地区受矿山开发及冶炼加工、城镇污水灌溉等影响，土壤镉、铜、汞、砷等出现累积，造成稻谷重金属超标。另一方面，因酸雨及不合理施肥，致使耕地酸化较为严重，尽管土壤重金属不超标，但由于重金属生物有效性提高，部分区域稻谷出现重金属超标状况。

(7) 蔬菜产地重金属存在累积。部分基地土壤的镉、铜、铅等重金属含量接近临界值，叶菜类等敏感蔬菜重金属超标风险较大。

二、江西省耕地重金属污染防控治理进展

(一) 开展了污染状况调查和治理试点

国土、环保和农业等部门先后开展了土壤重金属污染状况调查，基本明确了自然土壤、耕地土壤及场地重金属污染特征及区域分布。在南昌、赣州等地开展了土壤重金属污染管控试点，在鹰潭实施了以控源和场地污染修复为主的土壤污染综合治理试点工程，取得了明显成效。贵溪市江铜贵冶周边区域九牛岗土壤修复工程自 2012 年实施以来，完成重金属污染土壤修复面积 2 000 余亩，达到预期目标，其治理模式得到李克强总理的批示。

(二) 开展了治理技术研发与试验示范

江西省农业科学院开展了农田重金属背景特征、耕地土壤污染承载与防治对策等基础研究：与出入境检疫检验部门合作开展了供港蔬菜镉含量控制技术研究，筛选了较低积累的叶菜类品种；与省科学院合作开展了重金属中度污染农田稻米绿色高效生产技术研究，研发了碳基改良剂；与中国瑞林公司合作开展了武山铜矿尾矿库闭库复绿技术研发；与中国科学院南京土壤所、省红壤所合作，分别在鹰潭贵溪、萍乡湘东等地建立了农产品产地环境保护试验示范基地。中国科学院鹰潭红壤生态实验站研发了常规廉价高效钝化改良剂，探明了主要重金属在土壤—脐橙、水稻、蔬菜等植物系统的迁移规律及主控因素。

三、江西省耕地重金属污染防控和修复工作中存在的主要问题

（一）基层重视程度不够

一是存在一定程度的麻痹思想。耕地重金属污染隐蔽性强，一些基层人员对本地耕地的清洁状况存在惯性思维，意识不到污染的现实存在及其治理的重要性。二是存在一定程度的心理恐惧。说起重金属污染则谈“污”色变，特别是一些基层领导不敢提及，更不愿面对，怕暴露当地生态环境问题，影响农业发展和招商引资。三是存在行动上的畏难情绪。一些基层政府部门习惯于“上面安排什么就做什么，不安排的绝不主动探索”，因而对重金属污染源头监管不力，企业排污和农业面源污染没有得到有效控制。

（二）防控经费不足

耕地重金属污染点多面广、治理难度大，每亩修复成本在 4 万元以上。江西省耕地重金属污染程度以中轻度为主，需要边生产边治理，资金投入量大。目前，由于财力有限，防控和修复的投入严重不足，监管监测和治理难以持续推进。

（三）统筹协调机制滞后

耕地重金属污染防控和修复工作涉及国土、财政、发改、环保、农业、卫生、食品安全等多个部门，在缺乏统筹协调机制的情况下，系统性、配套性、持久性的防控和修复方案难以形成。当前，基层该项工作主要由农业局及其下属农技站负责，部门与部门、单位与单位之间缺乏联动性。

（四）“家底”精准情况不明

一是数据缺乏共享。国土、环保和农业部门所掌握的江西省耕地重金属污染总体状况及区域分布数据资料尚未实现共享。二是已有数据的科学性不强。各部门采样点位、样点覆盖面积、样点土壤属性及土地利用方式不一致，难以准确识别江西省耕地重金属污染重点风险区域、农作物总体污染状况及主要敏感作物种类。

（五）熟化技术缺乏

虽然土壤修复技术研究已开展多年，但大部分研究成果只限于实验室水平或田间小试阶段，具备大规模应用和商业化推广的成套技术不多。少数重

金属污染现场修复尽管获得成功，但由于成本太高或技术不稳定而难于复制和推广。同时，现有的土壤修复技术研究大多是针对单一重金属元素污染，与耕地重金属污染属于多因素复合污染的实际存在较大差距。

（六）农用地环境管理地方标准亟待出台

我国现行的《土壤环境质量标准》（GB 15618—1995），已难以满足不同种类农作物安全生产的需要，“土壤超标农产品不超标”和“土壤不超标农产品超标”的现象时有发生，农产品产地环境阈值标准不科学。当前，农业部在《土壤污染防治行动计划》实施意见中明确提出，鼓励地方制定适合本地农业特点和地域特征的农用地环境管理相关地方标准。目前，江西省尚没有出台区域农产品产地环境阈值标准。

四、推进江西省耕地重金属污染防控和修复工作的对策建议

耕地重金属污染的复杂性决定了污染防控和修复工作的长期性、艰巨性。推进江西省耕地重金属污染防控和修复，需要坚持科学认识、统筹规划；综合防治、分类指导；治用结合、试点示范的原则。

（一）技术措施

1. 深入调查，摸清“家底”

一是开展以重金属污染为主的土壤污染详查。精确掌握江西省耕地重金属污染基础数据，建立江西省土壤安全状况登记档案和土壤安全状况 GIS 数据库。二是实施土壤质量动态监控。将全省环保、农业和国土土壤监测点整合为统一的土壤环境监测点，按年度开展监测。重点监控自然背景区、工业园区、城市郊区、集约化农业生产区、养殖密集区耕地，建立基本覆盖全省的耕地土壤环境及农产品质量监测预警网络平台，及时掌握江西省耕地土壤及农产品污染状况。

2. 因地制宜，分类试点

在全省 11 个设区市各建立 1 个耕地重金属污染分类治理示范点，根据耕地重金属污染重点区域及特征，采取针对性措施。一是矿区防治。树立“源头防控、过程阻断、末端治理”的综合防控理念，划分重点治理监管区域和风险控制区域。重点治理监管区域，以植被绿化、防止污染物扩散转移和二次污染为主；风险控制区域，以植物修复、农业生态修复、土壤改良修

复或调整农业产业结构为主。二是粮食主产区防治。切断源头，严控区域内企业排污及产地周边环境污染；推广增施有机肥、吸附螯合强的泥炭、风化煤、土壤改良剂等农业技术措施；适时调整作物种植结构，推广水稻低积累品种，推行以稻为主的“稻油、稻豆”等生态经济高效水旱轮作制度。三是蔬菜基地防治。加强基地周边环境管理，严控“三废”排放；合理规划基地，选址周边无污染、土壤背景值低的区域；谨慎使用畜禽粪污，防止因不合格的有机肥造成土壤重金属积累；加强城郊蔬菜基地重金属摸底调查，含量超标的应停止作为蔬菜地使用。四是畜牧养殖区防治。加大畜禽粪污等农业废弃物资源管理和综合利用技术应用，推广适度规模的立体生态种养模式；加强饲料添加剂监管，从源头上严格控制饲料中重金属含量。

3. 协同攻关，试验示范

一是加强耕地重金属污染治理科技孵化推广平台建设，推动科研院所、高校、治污企业探索适合本地情况的“高效、低成本、无二次污染”的综合技术。二是加强试验示范，形成适合不同土壤污染类型和污染程度、不同农业生态类型区的工程技术体系及标准化操作规程。

（二）保障措施

1. 加强联合执法，严格控制重金属污染源

按照国家《“十三五”生态环境保护规划》、《环保部“十三五”时期深入实施大气、水、土壤污染防治三大行动计划》、《全国土壤污染防治行动方案》和《江西省农业生态环境保护条例》的要求，组织联合执法监督，对工矿企业、城镇建设、规模养殖、农业投入品等，实施严格监管。

2. 建立多元化投入机制，对应用研究给予重点支持

一是设立耕地重金属污染治理专项资金。二是完善政府、企业、社会等多元化投资机制，探索“谁投资、谁受益”的市场机制。三是建立补偿机制，依法责令非法排放污染源的企业和单位对所污染的耕地进行强制性补偿。四是将重金属污染治理试点示范、重金属污染监测站点建设、技术研发协同创新列为重点支持项目。

3. 完善地方标准，出台激励政策

一是确定符合江西省省情、与土壤类型和作物种植方式等相对应的耕地重金属含量安全阈值，修订、完善江西省农用地土壤环境质量标准评价体系。二是出台耕地重金属污染防控技术开发、耕地重金属污染修复治理与种植结构调整、硒肥和有机肥生产、农业废弃物资源化利用等方面的激励政策。

课题组主要成员：

池泽新　江西省农业科学院党委书记、教授
吴昌华　江西省农业科学院农业经济与信息研究所副所长、副研究员
徐昌旭　江西省农业科学院资源环境与土壤肥料研究所研究员
付江凡　江西省农业科学院农业经济与信息研究所所长、研究员
刘光荣　江西省农业科学院资源环境与土壤肥料研究所所长、研究员
余艳锋　江西省农业科学院农业经济与信息研究所副研究员
彭柳林　江西省农业科学院农业经济与信息研究所助理研究员

关于有效推进江西省农业废弃物资源化利用的建议*

农业废弃物资源化利用是治理农业面源污染、节约生物质资源和发展循环经济的必由之路。江西是传统农业大省，农业废弃物种类多、总量大，已成为农业发展和推进乡村振兴战略必须解决的难题。本文结合江西实际，聚焦农作物秸秆、畜禽养殖粪污、废旧农用薄膜及农药包装物等方面分析研究。

一、江西省农业废弃物资源现状和利用情况

江西省委、省政府高度重视农业废弃物的资源化利用，把农业废弃物利用作为打造美丽中国"江西样板"的重要抓手和实施乡村振兴战略的关键举措，着力推进农业废弃物肥料化、能源化、饲料化、基料化和工业原料化（以下简称"五化"）综合利用，实现了综合效益的提高。但由于种种原因，江西省农业废弃物资源化利用问题还比较严峻，总体利用方式粗放，减量化、无害化、资源化和综合效益低。

（一）农作物秸秆

1. 总量测算

经测算，2016 年江西省农作物秸秆总量为 2 520.9 万吨，主要来源于水稻、蔬菜和油料的种植，其中以水稻秸秆为主，约 2 072.9 万吨，占总量的 82.2%（表 1）。按 60% 的可利用率折算，当年可提供秸秆废弃物 1 512.5 万吨，如进行肥料化利用，秸秆废弃物的总养分含量 44.4 万吨（氮含量 13.8 万吨、磷含量 2.0 万吨、钾含量 28.6 万吨），占江西省当年化肥施用量（折纯量）的 29.1%；如进行能源化利用，约折标煤 669.4 万吨，

* 本文于 2019 年 9 月 8 日获时任省政协副主席肯定性批示。

占江西省当年能源生产总量的33.4%、消费总量的7.6%。

表1　江西大宗农作物秸秆资源总量测算表

农作物	种植面积（千公顷）	作物产量（万吨）	生产废弃物	平均秸秆系数	秸秆量（万吨）
水稻	3 316.3	2 012.6	稻秆	1.03	2 072.9
蔬菜类（含食用菌）	607.4	1 309.2	废果、藤、茎	0.10	130.9
		111.0	食用菌菌渣	1.00	111.0
油菜	534.2	71.8	油菜秆	1.20	86.2
花生	164.16	46.7	花生秆	1.14	53.2
棉花	49.26	7.3	棉秆	2.91	21.2
甘蔗	14.76	65.8	甘蔗叶	0.34	22.4
薯类	151.5	74.48	藤、茎	0.25	18.6
烟叶	31.26	6.4	烟叶秆	0.71	4.5
合计					2 520.9

注：①秸秆总量由《2017年江西统计年鉴》公布的数据进行测算。

②平均秸秆系数摘自《大田作物秸秆量评估中秸秆系数取值研究》。

③鉴于蔬菜种类多，不同蔬菜的产废比差异较大，因此，本蔬菜类产废比系数为估算值，仅供参考。

2. 资源化利用情况

近年来，江西秸秆综合利用和露天禁烧工作成效明显。江西省制定了《江西省农作物秸秆综合利用三年行动计划（2018—2020年）》，计划在2020年秸秆综合利用总量达到90%以上。据2018年统计数据显示，江西早稻秸秆的还田利用率超过80%，露天禁烧方面也大幅下降，秸秆基料化利用和生物质发电方面稳步推进。如，宜黄县大力推广水稻秸秆腐熟作基料生产竹荪为例，该县竹荪种植面积达到1万亩，仅竹荪栽培一项年利用的秸秆量就达到当地总量的30%～40%，经济和生态效益可观。调研分析还存在以下问题：一是秸秆利用方式单一粗放，综合效益低，早稻秸秆还田不当或过量还田会导致烧苗，其他高附加值综合利用低；二是还存在秸秆零星焚烧情况，部分地区还比较严重。

（二）畜禽粪便

1. 总量测算

经测算，2016年江西省畜禽养殖产生的粪便类废弃物约为4 020.4万吨，其中以猪、牛的养殖粪便为主，总量约 3 703.4 万吨，占总量的 92.1%（表 2）。按畜禽粪便总量的 70%可利用率折算，如进行肥料化利用（折纯量），可为江西省农田带来 132.7 万吨有机质、7.69 万吨的氮肥、2.16 万吨磷肥、7.06 万吨钾肥，分别相当于江西省当年氮、磷、钾肥施用量的 11.6%、4.5%和 15.3%。

表 2　江西主要畜禽养殖粪污总量测算表

项　目	牛	猪	羊	禽
饲养周期（天）	365	180	365	90
一周期排粪量（吨/头）	7.3	0.72	0.55	0.009
年饲养数（万头）	335.3	3 103.9	73.3	50 655
粪便资源量（万吨/年）	2 447.7	2 234.8	40.3	455.9
粪便收集系数	0.60	1.00	0.6	0.6
粪便可收集量（万吨）	1 468.6	2 234.8	44.0	273.5
合计（万吨）		4 020.4		

注：①本数据均摘自《江西统计年鉴》（2017 年）；
②饲养周期、日排粪量及年排粪量依据《中国畜禽粪便产生量估算及环境效应》计算。

2. 畜禽养殖废弃物的资源化利用情况

江西专门成立了畜禽养殖废弃物处理和资源化利用工作小组并制定了相关法规，加快推进畜禽养殖废弃物处理和资源化利用。截至 2018 年，全省畜禽养殖废弃物资源化利用率达 87.5%，规模养殖场粪污处理利用设施配套率达 92.6%。

根据调查分析，还存在以下问题：一是养殖场畜禽粪便用作肥料的处理方式以堆沤腐熟或直接入田为主，堆肥发酵工艺和设备化水平较低；用作沼气工程处理的发酵浓度低、经济效益差，且有一定比例的沼气工程处于病态运作或闲置。二是局部地区养殖业规划布局不合理，养殖密度过高，养殖总量超出环境容量和有效处理负荷。

（三）废旧农膜及废弃农药包装物

1. 江西废旧农膜的总量、残留量测算及危害

据 2017 年江西统计数据显示，近二十年来，江西农用薄膜的使用量不断增长，从 1990 年的 1.64 万吨增至 2016 年的 5.28 万吨；2016 年江西农用薄膜消费成本达到 14.2 亿元。据相关文献报道，我国每年设施农业中使用的地膜厚度小于 0.008 米，地膜回收率不足 2/3，这就意味着江西每年大约 1.76 万吨的地膜碎片进入土壤，进而引发土壤孔隙度降低、土壤水分下渗速度减缓及生育期内土壤贮水量减少等环境污染。

2. 江西废弃农药包装物残留测算及危害

据《2017 年江西统计年鉴》数据显示，从 1990 年到 2010 年，江西的农药使用量呈快速增长趋势，在 2010 年时达到顶峰（10.65 万吨），随后的六年略微下降，2016 年农药使用量在 9.22 万吨。我国农药包装大多在数克到几百克之间，按 250 克一个包装物统计，江西每年大约需要回收处理至少 3.7 亿个农药包装废弃物，而实际的回收处理量较低，田间地头散落的农药包装瓶时常可见，包装物降解难且农药残留，对附近的土壤、地表水、地下水和农产品造成直接污染。

二、江西省农业废弃物资源化利用工作存在的问题

（一）基层重视和认识不够，扶持激励机制不健全

1. 宣传推广不到位

一些基层政府、媒体的宣传力度不够，导致农民对农业废弃物资源化利用的认识程度不足，积极性不高，加之许多农民在农业废弃物资源化利用方面的意识及环保意识淡薄，往往只看重眼前利益，工作推进难。

2. 扶持激励政策不到位

作为欠发达地区，江西省秸秆和畜禽粪便利用主要是依靠农业农村部、省项目资金来实施，且支持力度较小，市县地方财政扶持严重缺失，可操作性的实质性政策措施还未很好地建立和执行，激励机制缺乏，不能有效引导、吸纳企业和社会资金进入农业废弃物资源化利用领域。据调研，有些地方对企业的政策性补贴不能及时到位，有拖欠现象；政策激励的系统性不强，如当前江西省生物质发电价格 0.75 元/度，但只针对秸秆发电，未将沼气发电列入补贴范围，所以目前的沼气发电价格仅为 0.59 元/度，两项对比挫伤了企业积极性。

3. 执法监管不到位

《大气污染防治法》、《畜禽规模养殖污染防治条例》等法律法规对焚烧

秸秆、养殖污染行为明确了相应处罚措施。从实践来看，处罚落实有一定难度，存在违法成本低、执法监管力度不够等问题。如，秸秆综合利用方面，秸秆禁烧和综合利用的责任主体是乡镇政府，而对焚烧秸秆行为人的处罚执行机构是环保部门，乡镇政府有责无权，而且处罚标准偏低，震慑力不足；畜禽粪便利用方面，由于江西省以中小型养殖场为主，面广量大，执法难度很大。

（二）源头有害成分控制不严，后端资源化利用压力大

可资源化利用的农业废弃物多数来自种植和养殖业，前端生产的有害成分管控直接影响着废弃物后续利用。这一问题在畜禽粪便的资源化利用中尤为明显：生猪养殖过程中，饲喂环节的不规范（重金属、抗生素、盐分）或清理栏舍的不合理操作（超量使用消毒剂）极大制约了生猪粪便在有机肥制备和沼气发酵中的利用；同时也影响了后续利用，很多地方政府及农户就因重金属超标、总盐含量高等问题对沼液（沼渣）肥的还田存在疑虑，并拒绝使用。

（三）技术配套和装备落后，转化推广乏力

1. 技术配套和装备落后

江西省很多科研院所和高校在农业废弃物资源化利用方面开展了研究，但技术力量单薄，拥有自主知识产权和较高推广价值的技术少，主要表现为与产业配套不紧密，针对性和操作性不强；农业废弃物资源化的田间收集、现场压缩、打包、转运等技术装备研发滞后，工艺技术无法与高效的机械设备有机融合，难以实现设备和技术保障问题。如，秸秆综合利用的一些关键性技术尚待完善，秸秆沼气集中供气建设成本比较高；畜禽粪便处理方面，对“三沼”综合利用技术还需进一步深入；农业废弃物在工业方面的利用技术还不成熟，比如乙醇制取、建材生产、材料包装等。

2. 技术转化推广乏力

由于省内各地资源禀赋、政策及产业差异较大，现有单一、统一的技术模式适应不了产业发展需求，农民的接受认可度低。由于废弃物资源化利用单个环节的经济效益不明显，企业不愿投入过多的资金和技术力量，导致技术装备的提供方与需求方对接错位，即使采购了先进的技术及装备，也往往因使用者的低素质问题产生技术装备的低值使用情况。

(四)收集贮运体系不健全，产业基础薄弱

农业废弃物的收集贮运是当前制约农业废弃物资源化利用的重点障碍之一。

1. 农业废弃物面广量大、收集难度大

秸秆收贮方面，由于秸秆量大、分散、体积蓬松、收获季节性强，收割、捡拾、打捆等配套设施缺乏，加之农忙时节劳动力缺乏，储存场地少，造成秸秆的收集、贮运难度大。调查表明，秸秆需要储存场地面积为0.67公顷/万吨，且秸秆收获后仍处于后鲜期，含水量30%～60%，在打包、堆垛后极易发热、霉变，还需进行防雨、防潮、防火和防雷等设施建设，投资成本和维护费用高，储存风险很大；粪便收集处理方面，由于江西省以中小型养殖规模为主，选址偏远，造成农业废弃物分布分散、被随意丢弃，不能形成规模化收集。

2. 产业市场机制不健全，经济效益低

农业废弃物收集成本高，相关企业与农民之间尚未建立合理的利益分配关系，缺乏可持续利用的激励机制。如秸秆收贮，调查表明草站收秸秆价格正常不超过140元/吨，扣除原料成本、电费、运费、人工等，正常利润为20元/吨左右，如果价格波动下浮，基本无利可图，极大地影响秸秆利用的积极性；畜禽资源化利用的产品除商品有机肥外，“三沼”作为农业废弃物资源化利用产物，没有建立市场流通机制及实现商品化。

三、江西省农业废弃物资源化利用的总体思路和对策建议

农业废弃物资源化利用的总体思路：以“政府主导、市场运作、社会参与、分步实施”为运作方式，以“就地消纳、能量循环、综合利用”为技术路线，加大资金和科研投入，注重因地制宜、县乡村企联动和建管运行结合，强化政策支持与市场化路径相结合，构建政策支撑、收集储运及组织监管体系，大力推进农业废弃物资源“五化”综合利用。具体对策措施如下。

(一)统筹规划，抓好农业废弃物资源化利用顶层设计

1. 规划引导，优化产业布局

完善农业废弃物资源化相关法规，明确相关部门职责；制定农业废弃物资源化利用的总体发展战略，出台具有实质性和可操作性的政策措施，努力

把资源化利用融入产业链。在产业布局方面，坚决实施各地区种植业与畜牧养殖业协调发展，明确各地环境敏感区，合理调整产业布局；在秸秆综合利用方面，在综合考虑当地秸秆资源状况、收集半径和成本的基础上，合理规划秸秆“五化”项目；在畜禽粪便利用方面，依据各地的土地承载能力、环境容量和消费需求，做到“全面规划、合理布局、生态养殖、综合防治”，推进循环农业发展。

2. 因地制宜，试点探索不同区域的资源化利用模式

加强江西省农业废弃物资源化利用的调研工作，摸清全省农业废弃物资源情况。通过财政资金公益项目立项，根据各地农业产业特性、废弃物种类分布及利用基础，引入产学研联合体，通过试点工作的开展，不断探索适应不同区域特色的利用模式。例如：新余打造的“N2N”区域循环农业模式就是一个可借鉴、可推广的典型案例，其核心的就是一个“区域内畜禽粪污集中处理＋沼液沼渣就近还田利用”模式。

3. 宣传引导，强化监管审批

强化政策宣讲、技术业务培训等工作，提高基层干部和农民对农业废弃物资源化利用重要性的认识。环保、农业农村等部门要充分发挥职能作用，建立农业环境执法队伍，加大畜禽养殖场污染治理和秸秆焚烧执法监管力度；加强环保审批、环境监测和环保执法，对于新建、改建、扩建畜禽养殖场要严格执行环境影响评价制度，按规定办理相应环评手续，强化源头减量。

（二）激励补偿，加强政策支持与帮扶力度

1. 加大对农户和农村组织的激励补偿补贴

明确农户和农村集体组织的任务和责任，加大农业废弃物资源化利用补贴范围扶持力度。加大禁烧补贴、青贮补贴、沼气菌种费补贴、反应堆技术补贴等力度；将农业废弃物还田、打捆、青贮等机械纳入农业机械购置补贴范围。

2. 强化对企业的产业化扶持

建立健全利益驱动和政策导向机制，引导和激励社会和工商企业投资农业废弃物资源化利用。对开展资源利用的企业实施贷款、土地和税收优惠等扶持政策；各级财政要加大对农业废弃物资源化利用工程的补助力度，推进

“以奖代补、先建后补”扶持模式，吸引社会资本进入，形成多元化投入机制；实施末端产品补贴，根据不同产品制定不同的补助标准，推进秸秆产品、“三沼”产品按利用量补贴政策。

（三）市场运作，推动农业废弃物资源化利用产业化

1. 推进农业废弃物利用市场化、商品化

引导建立农业废弃物资源化产品市场机制，出台相关管理办法，将原料收购、秸秆打包、秸秆固化、沼气、沼液、沼渣等作为商品，采取政府指导定价，构建合理的农业废弃物资源化产品价格机制；对使用沼液、沼渣为肥料的优质农产品实行优质优价和保护性措施，建立农业废弃物利用产品市场，调动农户和企业的积极性，使农业废弃物利用与生态高效农业结合发展。

2. 开展政府向经营性组织购买公益服务试点

通过政府采购手段，筛选技术先进、价格合理、服务体系健全的企业作为农业废弃物利用服务供应商，建立因地制宜、动态管理机制，做大做强农业废弃物利用产业。

（四）突出重点，完善农业废弃物收集贮运体系

通过招商引资、重点扶持，培植一批农业废弃物资源化利用和无害化处理的龙头企业，抓好农业废弃物综合利用农民专业合作组织建设，如秸秆捡拾打捆农民专业合作社。健全完善以企业需求为龙头、专业合作经济组织为纽带、农民为基础的农业废弃物收集贮运组织体系，由乡（镇）、村统一部署和管理。完善“组有堆放点、村有收贮站、乡镇有收贮中心和县有规模化利用龙头企业”秸秆收贮场地建设；试点推进畜禽粪便收集处理中心建设，逐步构建畜禽粪便收贮体系；针对处置废旧地膜和农药包装物等废弃物的企业，要明确销售、生产等企业的处置主体责任，配套建立合理的“以奖代补”政策和农药包装物押金制度，在企业履行处置责任的同时，确保企业的经济效益。

（五）科研攻关，突破农业废弃物资源化利用技术瓶颈

1. 加快提升科研条件

依托江西省高校和科研院所现有的硬件条件，加大资金支持，推进以“江西省农业废弃物综合利用重点实验室”为重点的平台建设；引进高层次

专业技术人才，形成一支从事农业废弃物资源化利用技术的精干高效的科研创新团队。

2. 推动产学研联合协作

大力支持科研院所和高校在农业废弃物资源化利用技术方面的项目资金投入，加大新型和实用技术开发。加大对省内农业废弃物资源化利用龙头企业研发资金支持，建立一批农业废弃物资源化利用技术和机械设备示范工程。鼓励企业与高校、科研院所进行产学研结合，通过试验、示范提出切实有效可行的技术模式并大力推广。

课题组主要成员：

戴星照　江西省农业科学院院长、研究员

陈庆隆　江西省农业科学院农产品质量安全与标准研究所所长、研究员

吴昌华　江西省农业科学院农业经济与信息研究所副所长、副研究员

陈柳萌　江西省农业科学院农业应用微生物研究所副所长、副研究员

卢　慧　江西省农业科学院农业经济与信息研究所助理研究员

桂　伦　江西省农业科学院农业应用微生物研究所助理研究员

姚　健　江西省农业科学院农业应用微生物研究所助理研究员

加快江西省绿色农业发展的对策建议*

2016年，习近平总书记视察江西时强调，绿色生态是江西最大财富、最大优势、最大品牌；2017年，江西省被农业部列为全国唯一的“全国绿色有机农产品示范基地试点省”；2019年，省委省政府明确提出把江西省打造成全国知名的绿色有机农产品供应示范基地，江西省绿色农业发展迎来了难得的机遇。加快发展绿色农业，助推乡村振兴，走出一条具有江西特色的绿色兴农、绿色富农、绿色强农之路，意义重大，十分迫切。

一、江西省绿色农业发展现状

在农业供给侧结构性改革的背景下，大力发展绿色农业，增加绿色优质农产品有效供给的重要性愈加显现。习近平总书记多次强调绿色发展理念，2019年中央1号文件提出大力发展紧缺和绿色优质农产品生产，推进农业由增产导向转向提质导向。随着生活水平的提升，人们对绿色安全优质的农产品需求更为迫切，绿色农业迎来前所未有的发展机遇。江西省具有发展绿色农业的生态资源优势、产业基础优势和产品品牌优势，发展前景广阔。目前，江西省绿色农业发展强势推进、成果喜人。

1. 绿色农产品总量扩增，产业规模持续扩大

近几年来，江西省围绕农业供给侧结构性改革，全力打造“生态鄱阳湖·绿色农产品”品牌，绿色农业发展成效显著。全省“三品一标”实现了快速发展和规模持续扩大，产品数量大幅提升，从2013年的2 100个增加到2017年的4 712个，增长124.38%，截至2019年4月中旬，全省“三品一标”农产品达5 335个，位居全国前列；主要农产品监测合格率连续5年

* 本文于2019年11月15日被中共江西省委办公厅信息处采纳。

保持在98%以上；创建全国绿色食品原料标准化生产基地44个、面积853.6万亩，拥有全国有机农业（德兴红花茶油）示范基地1个、面积3.8万亩，荣获国家级农产品地理标志示范样板（崇仁麻鸡）1个，创建国家农产品质量安全市1个、国家农产品质量安全县10个、省级绿色有机农产品示范县38个。

2. 绿色有机品牌创建不断深入，农产品地理标志示范样板获得突破

江西省深入推进绿色生态农业“十大行动”，大力发展“三品一标”农产品，绿色有机品牌逐年增加。目前，拥有“四绿一红”茶叶、泰和乌鸡、崇仁麻鸡、宁都黄鸡、德兴红花茶油、万年贡米、鄱阳湖水产、赣南脐橙、井冈蜜柚、马家柚等一大批绿色有机品牌，“生态鄱阳湖·绿色农产品”品牌影响力不断提升。一方面，加快打造全国知名绿色有机农产品基地，2015年启动省级绿色有机农产品示范县创建工作，目前共创建38个省级绿色有机农产品示范县，并给予每个示范县100万元一次性奖励。另一方面，围绕水稻、油菜、蔬菜、油茶、脐橙、蜜橘、早熟梨等优势农产品，以绿色原料基地、有机农业示范基地、农产品地理标志示范样板的创建为抓手，整体推进绿色农业产业发展。2014年，获批全国第一个油茶类有机农业示范基地——德兴红花茶油示范基地，种植面积3.8万亩。2017年，崇仁麻鸡被农业部授予“国家级农产品地理标志示范样板”称号（全国首批8个样板之一），也是江西省唯一一个国家级农产品地理标志示范样板。另外，江西省地理标志农产品余干辣椒获得2017年国家级农产品地理标志示范样板创建资格。

3. 绿色农业发展政策得力，政府扶持力度持续加大

江西省绿色农业发展起步较早，政府非常重视，特别是近几年来，对绿色农业发展的扶持力度持续加大。2011年印发《江西省绿色食品产业发展配套政策的通知》，提出安排财政专项资金、减免所得税、提供融资信贷、开辟绿色食品通道等，支持绿色食品产业发展；2013年制定《江西省绿色农业发展规划（2013—2020年）》，围绕绿色水稻、绿色生猪、绿色家禽、绿色水果、绿色水产、绿色蔬菜、绿色茶叶、绿色中药等八大优势特色产业，优化区域布局；2016—2018年相继出台《关于推进绿色生态农业十大行动的意见》、《江西省农业生态环境保护条例》、《关于创新体制机制推进农业绿色发展的实施意见》等系列政策法规，构建以绿色生态为导向的政策支持体系；从 2016 年起，省本级每年安排“三品一标”补助资金 1 000 万元，用于对当年“三品一标”获证企业进行补助。同时，安排经费开展“三品一标”证后监管，确保通过“三品一标”的农产品质量安全稳定可靠。

二、江西省绿色农业发展存在的主要问题

1. 绿色农业发展观念较滞后，消费者对绿色农产品认可度不高

江西省绿色农业发展观念较滞后，究其缘由主要是：一方面，宣传力度不够，绿色生态氛围不浓厚；另一方面，农业生产者对发展绿色农业的认识不深刻，对农业提质增效、绿色发展的长期好处还缺乏理解。比如，现阶段“三品一标”产品尚未真正实现优质优价，一些通过认证的产品没有体现应有的价值，影响了农产品生产单位申报“三品一标”认证的积极性。

绿色消费的概念在我国居民的日常消费理念中尚未得到普及。尽管公众的绿色消费意识不断觉醒，越来越多的消费者对绿色消费持积极态度，但由于管理与监督不严，使得不少假冒伪劣的绿色食品出现在市场上，以次充好，导致消费者对市场上的绿色产品缺乏信心，大众的绿色消费意愿没有充分地转换为绿色消费行为，亟需探索建立有效的绿色行动引导促进机制，以促进形成政府绿色引导、企业绿色生产、大众绿色消费的新格局，提高消费者对绿色农产品的认可度。

2. 绿色农业科技需求与科技创新不匹配，资金投入不足

江西省是传统农业大省，很长一段时期以来，农业科技成果更多服务于产量提升目标，在绿色农业发展方面的科技创新和推广相对不足、较弱。当前支撑绿色农业发展的科技创新体系不完善，科技成果与绿色农业的科技需求匹配不够，农业科技的支撑作用不强。特别是在农业投入品减量高效利用、种业主要作物联合攻关、有害生物绿色防控、废弃物资源化利用、产地环境修复和农产品绿色加工贮藏等领域还需要一批突破性科研成果作为支撑。

资金投入不足是江西省绿色农业发展面临的突出问题，而绿色农业是资金密集型产业，产前、产中、产后等各个环节的发展需要大量的资金投入。江西省历来重视绿色农业的发展，对绿色农业发展投入也不断增加，但力度

还不够、缺乏长效投入机制。加之，绿色农业的保险机制、农村金融体制不健全，农户、企业、农业合作社等绿色农业生产主体对绿色农业发展底气不足，使得绿色农业的资金投入更加匮乏。

3. 绿色农业发展缺乏行业领头羊，产业化程度较低

当前，国内规模较大的绿色农业企业主要集中山东、江苏、湖南、福建、湖北、贵州、广东、安徽等省，其出口规模占到全国绿色食品出口总量的80%。江西省通过“三品一标”认证的企业不少，绿色有机品牌也不少，但是真正在全国叫得响的品牌不多，缺乏具有引领带动作用的绿色食品企业。

江西省绿色农业起步较早，但总体来看，绿色农业实力不强，且发展不均衡，产业化程度较低，农产品加工率只有60.9%，低于全国66%的平均水平，且绿色农产品初级简易加工居多，精深加工不足，产品附加值不高。

4. 绿色农业标准不健全，缺乏完善的监管机制

绿色农业标准体系的健全对于发展绿色农业来说必不可少。经过长期的努力，江西省在绿色农业标准化方面取得了一定程度的进步，但绿色农业标准化体系还不健全，阻碍了绿色农产品迈出国门，走向国际市场。另外，我国的绿色有机认证体系并不健全也是一个大问题，从表面上看，有一套完整的从中央到地方的绿色食品认证体系，但由于缺乏有效的监管，相关认证机构存在着多与杂的问题，同时由于没有规范的认证手段和方法，市场上形成了多家认证机构，多种认证标准。

三、加快江西省绿色农业发展的对策建议

1. 制定绿色农业发展战略规划

一是强化顶层设计。江西省绿色生态优势明显，但受区域产地环境、基础设施和微观经营主体的影响，全省各地区绿色农业发展水平不平衡，应立足资源禀赋和产业发展特色，对全省绿色农业发展进行顶层设计，制定一个行之有效的绿色农业发展的规划图与路线图，因地制宜布局和谋划，逐步推行。

二是激发绿色农业主体的主观能动性。践行“绿水青山就是金山银山”的理念，大力宣传节约农业资源和保护环境的重要性，让全社会充分了解农

业发展面临资源约束的严峻性和农业生产导致环境污染的严重性，用绿色农业发展理念引领农业转型升级，引导绿色农业发展的主体（种养殖大户、专业合作社等）从农业绿色发展的被动参与者向主动创造者转变。同时，帮助绿色农业发展主体解决转型发展中的各类难题，激发绿色农业生产者的主观能动性，形成多方共治共享的绿色农业发展新局面。

2. 构筑完善的绿色农业发展体系

一是培育绿色农业新型经营体系。多举措、多途径大力培育发展绿色农业新型经营主体，逐步形成以家庭承包经营为基础，专业大户、家庭农场、农民合作社、农业产业化龙头企业为骨干，其他组织形式为补充的绿色农业新型经营体系，不断提升新型主体适应市场的能力和带动农民增收致富的能力。

二是建立健全绿色农业生产的全过程质量监控体系。首先，建立健全农产品质量安全监管体系、绿色农产品市场准入标准。以绿色、优质、安全为导向，建设一批国家和省级农产品质量安全县，加快建设与国家层面互联互通的农产品质量安全追溯监管平台，将全省规模化食用农产品生产主体纳入追溯平台，推行食用农产品“身份证”管理制度，对生产、加工、销售等环节进行全面监管，对绿色农业生产实现全程质量监控。其次，建立绿色农业生产的监测评价体系，利用现代农业信息技术，建立农业资源环境生态监测预警体系，构建充分体现资源稀缺和损耗程度的生产成本核算机制，建设“天—空—地”数字农业管理系统，发挥市场机制对农业绿色发展的定价作用，更好地驱动绿色产业、发展绿色经济。

三是构建多元化、专业化、市场化的绿色农业生产社会化服务体系。首先，建立健全省市县各级涵盖产前、产中、产后的绿色农业社会化服务体系，为农业生产经营主体提供产前的生产资料供应（种子、化肥、农药、薄膜等），产中的耕种技术、栽培技术、病虫害防治技术等技术服务以及产后的销售、运输、加工等服务。其次，引导种养殖大户、专业合作社、小农户等绿色农业生产主体广泛接受农业生产托管等低成本、便利化、全方位服务，实现专项服务标准化、综合服务全程化，集中连片推广绿色高效现代农业生产方式。

四是构建畅通的绿色农产品流通体系。优化传统农产品物流体系，积极探索“互联网+绿色农业”，开发绿色农产品的网上销售，缩短绿色农产品的流通时间和流通成本；促进绿色农产品营销主体多元化，鼓励相关企业、合作组织、经纪人等与绿色农业生产农户建立有效的合作机制，使绿色农产品更好地进入市场。

3. 建立绿色农业发展的多元化投入机制

一是加大对绿色农业的资金支持。调整农业相关投资政策，把建设绿色农业作为农业投资的重点，加大公共财政的投资力度，保障绿色农业的健康快速发展；按照“重点产品、重点区域、重点技术”的原则，健全绿色生态为导向的补贴机制，对实行绿色农业生产的农户和相关企业给予一定的补贴，引导农户、企业进行绿色农业生产；继续围绕发展基础好的绿色水稻、绿色生猪、绿色家禽、绿色水果、绿色水产、绿色蔬菜、绿色茶叶、绿色中药等优势特色产品，加大力度设立省市县“三品一标”补助资金，以及实施绿色农产品品牌创建和农产品质量认证奖补政策。

二是开拓、完善绿色农业产业的资金进入渠道，建立多层次、广覆盖、可持续绿色农业发展的金融服务体系。加大对绿色农业的宣传力度，引导金融机构对绿色农业的融资支持，出台包括降低农民小额贷款的门槛以及贷款利息的补贴政策，为绿色农业生产农户及企业提供融资便利与优惠，解决绿色农业发展资金投入大的问题。

三是建立绿色农业保险机制。积极开发适应绿色农业经营主体需求的保险品种，建立农业绿色保险机制，减轻绿色农业生产活动担负的自然、市场风险，促进农业绿色健康发展。

4. 强化绿色农业发展的科技与人才支撑

一是加大农业绿色技术的研发和推广。首先，建立以农户需求为导向，政府公益性体系为基础，通过政策扶持、项目支持和财税优惠等举措，鼓励和扶持一批绿色农业技术企业和个人，多方共同参与的农业绿色技术研发、转化和推广模式；其次，充分发挥农民专业合作社、绿色科技示范户、互助性绿色技术服务组织等社会力量的作用，政府通过加大公益性农业服务购买、绿色农业科技奖励等手段，鼓励其参与农业绿色技术的应用和推广。

二是加快绿色农业发展人才的培育。首先，统筹利用好农业科研院所、农业广播电视学校、农业院校、农业技术推广机构等公益性培训资源，构建多元化、专业化的培训体系，依托农业科研、技术推广项目和人才培训工程，加强绿色农业发展和可持续发展领域人才队伍建设；其次，加强对新型职业农民、种养大户、家庭农场、农民合作社等新型经营主体的培训，把节约利用农业资源、保护产地环境、提升生态服务功能等内容纳入农业人才培养课程，培养一批具有绿色发展理念、掌握绿色生产技术技能的农业人才和新型职业农民。

课题组主要成员：

池泽新　江西省农业科学院党委书记、教授
魏建美　江西省农业科学院农业经济与信息研究所副研究员（执笔人）
李　庆　江西省农业科学院农业经济与信息研究所副所长、研究员
徐光耀　江西省农业科学院农业经济与信息研究所助理研究员
周开洪　江西省农业科学院党委（行政）办公室主任、研究员
卢　慧　江西省农业科学院农业经济与信息研究所助理研究员
聂园英　江西省农业科学院农业经济与信息研究所助理研究员

抓好早春田间管理，做好红黄壤质量提升大文章

2020年中央经济工作会议把解决好种子和耕地问题作为2021年的8项重点任务之一，把耕地质量建设提到了新的高度。但是，曾经拥有“湖广熟、天下足”和“鱼米之乡”美誉的南方红壤丘陵区，耕地退化严重、中低产田比例高达70%以上，影响了该地区在国家粮食和农产品生产中的地位，也与该地区丰富的水热资源极不相称。江西是典型的红壤区，红壤面积占土壤的70.69%，为全国之首。当前，正值冬春交际，适时部署做好早春田间管理，对红壤区中低产田改良、作物产量提升等具有事半功倍效果。

一、红黄壤区中低产田比例高，耕地质量亟待提升

1. 红黄壤区中低产田占比高且产能低下

根据农业农村部《2019年全国耕地质量等级情况公报》（农业农村部公报〔2020〕1号），以全国20.23亿亩耕地为基数，2019年全国中低产田面积达13.91亿亩、占耕地总面积的68.76%。但不同区域比较，长江中下游地区中低产田占比达到72.73%，明显高于东北地区的47.98%、黄淮海地区的59.86%。据调查，红黄壤区中低产田中面积最大的类型包括酸化土壤2.6亿亩、丘陵区冷浸田0.4亿亩、贫瘠和耕层浅薄稻田0.6亿亩，这些耕地在同等投入下作物产量较正常耕地低25%以上，其中部分酸化贫瘠旱地产量甚至不足高产旱地的50%，使农民经营的积极性大幅度下降，并由此形成恶性循环，严重限制了耕地地力提升。

2. 土壤酸化贫瘠化是红黄壤区中低产土壤的重要特征

红黄壤区是我国农产品种类最丰富的地区，除水稻、油菜籽、柑橘、茶叶、蔬菜等外，也是甘薯、绿豆、高粱等经济作物的重要产地。但受酸化、养分贫瘠化等的影响，作物产量下降严重，如江西的水稻单产仅约为

全国平均水平的85%，中低产稻田又仅为高产稻田的约75%；旱地作物单产仅全国平均的75%左右，中低产旱地又仅为高产旱地的50%左右。而根据对中低产红黄壤0～20厘米土层土壤的分析结果，其pH大多在5.0以下、部分甚至低于4.0，江西省90%以上的县中低产土壤pH低于5.5，比当地高产田低1个单位以上；土壤有机质和氮磷钾含量分别仅为当地高产田的40%～60%。根据中国农业科学院等单位的研究结果，土壤pH在6.0左右时每下降0.5个单位，作物产量降低10%以上，土壤有机质和养分含量分布降低10%左右；江西监测试验表明，长期单施氮肥处理31年后，土壤pH由6.0降到4.2，玉米产量下降95%以上，基本绝收。

二、立地条件差和管理不当是红黄壤区中低产土壤形成的主要原因

南方红黄壤区高温多雨，土壤中物质循环快、养分易淋溶；旱地主要分布在丘陵山地，耕作困难、管理粗放；部分水田长期受冷浸水影响或者地势较高漏水漏肥，严重影响土壤有机质和养分的累积。

1. 高温多雨是红黄壤酸化贫瘠化的主要自然成因

南方红黄壤地区地表水资源丰富、年均降水量1 200毫米以上、是北方地区的1.5～2.0倍，年均气温16℃以上，年积温5 500℃以上，无霜期260天以上、年日照时数1 300小时以上。土壤中有机质分解和养分转化速率随温度升高而加快，而有机质累积则随温度升高变缓，频繁降雨加速了土壤中钙、镁、铵、硝酸根等离子的淋洗并导致土壤变酸。因此，必须加强施肥和管理，促进土壤有机质和养分累积、减缓土壤酸化。

2. 施肥管理不当加速红黄壤区耕地退化和肥力下降

南方红黄壤区长期以来重水田轻旱地，重化肥轻有机肥，导致旱地全年有机物料施用量一般不足350千克/亩且品质差，氮磷钾化肥施用量仅9.0、6.0和5.0千克/亩，不足水田的1/2，土壤有机质和养分累积少甚至亏缺，而且酸化加剧。同时，红黄壤区旱地缺乏固定的作物类型和耕作栽培模式、田间管理粗放，导致作物产量低且不稳定、效益低，不仅导致耕地质量提升难，同时也严重损害了农民种植旱作的积极性。

3. 缺乏应对季节性干旱的设施和对策导致红黄壤产能严重下降

在副热带高压的控制下，红黄壤地区7—9月降雨量少、天气晴燥、只占年总量的20%左右，特别是8、9两个月总降水量大多在100毫米以下，因而易发生季节性干旱，且来势猛、发展快、历时长、范围广、程度深。同时，红黄壤丘陵区灌溉取水距离远、能耗大，且灌溉设施差、蓄水严重不足等，常因此导致旱地作物严重减产甚至绝收，这也是农民不重视旱地作物种植的重要原因。

三、抓好初春田间管理是提升红黄壤生产能力的关键举措

俗话说“一年之计在于春”，红黄壤地区更是如此，春节过后正值万物即将复苏，也是农村劳动力相对空闲的季节，及时抓好早春田间管理，不仅可以起到事半功倍的效果，而且对作物高产稳产、耕地质量提升等均具有十分重要的作用。

1. 尽快备好春耕农机具及农业生产资料

南方红黄壤区春节过后气温升高很快，离春耕也越来越近，但春季多雨也可能影响农事活动，为了不耽误即将到来的春耕并及时进行作物播种或移栽，应充分利用春节后难得的空闲时间和闲置资金，尽快备足肥料、农药等生产资料，并做好农机具维修或购置，避免耽误农时。

2. 结合深翻施用石灰和有机肥

南方红黄壤区土壤酸化严重、有机质缺乏，而且耕层变浅。因此，应改连续旋耕为隔1～2年深翻耕一次，同时结合施用石灰50～100千克/亩和有机肥1 000～1 500千克/亩，以增加耕层厚度、降低土壤酸度、提高土壤肥力，增加土壤蓄水保肥能力，为提升耕地生产能力奠定基础。

3. 加强紫云英田间管理

开春后气温升高，紫云英生长快，尽管紫云英本身具有固氮作用，但因苗期生物量不大，所以应适当施用化学氮肥促进幼苗生长，“以肥促肥”。南方春季多雨，对地势较低的稻田，应在田间开围沟和十字沟、且沟沟相通，确保稻田表面不渍水，提高紫云英生物量和固氮效率。

4. 抓好旱地覆盖秸秆的原位固定

适度覆盖有利于水土保持，且覆盖用秸秆腐解后与土壤胶体结合形成有

机-无机复合体，可以提高土壤有机质含量，但覆盖秸秆容易被春季大风吹散并导致环境污染。因此，可选择起垄用少量碎土覆盖秸秆，并在地表形成凸起；在丘陵坡岗地，通过开拦腰沟填埋秸秆，以防止水土流失。

5. 根据越冬作物生长状况及时适量追肥

随着春季温度升高，越冬作物很快进入旺盛生长期，对养分的需要大幅度增加，因此应适当补充速效养分，可考虑每亩施用尿素 5～10 千克，促进作物快速生产，为高产稳产奠定基础。

课题组主要成员：

曾希柏　中国农业科学院农业环境与可持续发展研究所研究员，中国土壤学会土壤肥力与肥料专业委员会主任

戴星照　江西省农业科学院研究员，国家红壤改良工程技术研究中心主任

罗尊长　湖南省土壤肥料研究所研究员，湖南省土壤肥料学会副理事长

刘光荣　江西省农业科学院研究员，国家红壤改良工程技术研究中心常务副主任

吴金水　中国科学院亚热带农业生态研究所研究员，湖南省土壤肥料学会理事长

彭春瑞　江西省农业科学院研究员，国家红壤改良工程技术研究中心副主任

黄道友　中国科学院亚热带农业生态研究所研究员，湖南省土壤肥料学会常务副理事长

第五部分 农业应急管理

新冠肺炎疫情对江西省茶叶产业发展的影响与建议

为了解新冠肺炎疫情对江西省茶叶产业发展的影响，2020 年 2 月 14 日，省茶叶产业技术体系对江西省各类茶叶经营主体开展了网络问卷调查，依托省茶叶产业技术体系、省茶叶协会、各县茶叶协会，获得 157 家茶叶经营主体的有效问卷（其中，茶叶企业 98 家、茶叶合作社 49 家、家庭农场 7 家）。调查样本的 75%分布在修水、浮梁、婺源、上犹、靖安、遂川等产茶大县。

一、新冠肺炎疫情对江西省茶叶生产的主要影响

（一）茶叶销售受阻，产品积压严重

茶叶销售以线下实体店销售为主。据调查，69.18%的茶叶经营主体拥有茶叶专卖店，63.52%的茶叶经营主体主要通过线下渠道销售；虽然 48.43%的茶叶经营主体开辟了线上销售渠道，但仅有 3.77%的茶叶经营主体以线上销售渠道为主。突然发生的疫情对这些茶叶经营主体造成很大的冲击。据调查，各类茶叶经营主体干毛茶产量较高，平均为 124 290.9 千克。所有被调查茶叶经营主体目前未售出的茶叶占 2019 年总产量的 28.69%，其中采摘面积在 1 000 亩以上的茶叶经营主体这一比例为 30.79%，更有 17.61%的茶叶经营主体目前未出售茶叶占 2019 年茶叶总产量的 50%以上。在销售额方面，与上年同期相比，疫情发生以来，各类茶叶经营主体销售额平均下降 53.11%，35.22%的茶叶经营主体销售额下降 80%以上，10.06%的茶叶经营主体销售额下降 100%。按当前疫情防控形势，待到 2020 年春茶上市，茶叶市场供给增加，这些未出售的茶叶价格可能大幅下跌，将对经营者造成较大损失。

（二）市场需求下滑，茶叶销售价格下跌

83.65%的茶叶经营主体反映疫情造成需求减少，67.92%的茶叶经营主

体认为疫情对企业经营的主要影响在于物流运输不畅。疫情期间，物流运输不畅与茶叶需求下滑是导致茶叶销售价格下跌的主要因素。疫情发生以来，35.85％的茶叶经营主体表示茶叶销售价格大幅下降，32.08％的茶叶经营主体表示茶叶销售价格下降较多，还有31.45％的茶叶经营主体认为茶叶销售价格变化不大，认为销售价格下降的茶叶经营主体合计高达67.93％。以线上销售为主的茶叶经营主体都下调了茶叶销售价格，销售渠道线上线下持平的茶叶经营主体中有75％下调了销售价格，而以线下销售渠道为主的茶叶经营主体也有65.14％将茶叶销售价格下调。

（三）疫情防控形势持续，产业发展信心不足

64.15％的茶叶经营主体对2020年茶叶生产缺乏信心；84.91％的茶叶经营主体预计2020年茶叶销售额将会出现下降。其中，44.65％的茶叶经营主体预计2020年茶叶销售额会大幅下降。

（四）疫情防控措施严格，将影响2020年春茶生产

按目前疫情防控措施，93.08％的茶叶经营主体认为2020年春茶采摘、加工与销售将受到影响。98.11％的茶叶经营主体认为，当前疫情如果短期内没有得到有效控制，2020年春茶生产将受到较大影响。

（五）冬季茶园管理中断，茶园未得到有效管理

2019年下半年持续的严重干旱灾害，对各项农业生产活动带来严重威胁，为缓解干旱对茶树的不利影响，特别需要加强冬季茶园管理活动，尤其是要进行深施有机肥、修剪、清园工作，以保证来年茶叶产量。但受疫情影响，61.64％的茶叶经营主体的员工无法到岗，冬季茶园管理因而搁置。

（六）茶旅融合进程受阻，茶叶经营主体增收步伐放缓

26％的茶叶经营主体开展了茶旅融合业务。往年春节假期到访茶园的游客较多，相关茶叶观光与休闲旅游需求旺盛，而突发的疫情使这些经营活动不得不暂时性关闭，对茶旅融合业务造成较大冲击。

二、几点建议

（一）保障茶园管理正常进行

当前茶园管理活动必须进行，不能拖延，否则将对茶叶产量造成损害。

茶园管理活动以分散方式进行，并不会形成人员聚集，造成病毒传播的风险小，应允许各类茶叶经营主体在遵守当地疫情防控要求的基础上，尽量使用本村内劳务人员，推进茶园管理。

（二）保障道路交通运输畅通

切实落实 2 月 13 日国务院应对新型冠状病毒感染肺炎疫情联防联控机制要求以及 2 月 10 日省农业农村厅“关于有效应对疫情稳定农业农村经济增长若干措施”，“确保农产品出得了产地、送得到超市、入得了社区”，畅通流通渠道。

（三）鼓励茶叶经营主体积极开展网络营销

支持鼓励各类茶叶经营主体开辟网络电子商务销售渠道，扩大茶叶销售市场半径，有效避免疫情防控期间线下销售人员之间的直接接触，快速有效应对市场变化，减少经营主体因疫情带来的损失。

（四）加大茶叶产业信贷支持力度

由于疫情影响，多数茶叶经营主体存在产品积压的情况，经营收入出现断崖式下降，资金链可能面临严重困难。因此，要加大茶叶产业扶持力度，指导金融机构针对茶叶经营主体发展茶园经营权抵押贷款业务，并给予一定的贷款贴息支持。

课题组主要成员：

李道和　江西农业大学教授，省茶叶产业技术体系经济岗位专家
陈江华　江西农业大学博士

应对新冠病毒疫情对江西省农业发展影响的若干建议*

2020年初，新冠肺炎疫情在武汉爆发，而后迅速向全国蔓延。为避免人口大规模流动和聚集，各地采取了居家隔离、延长春节假期、弹性工作制等防控措施，有的地方采取了封路、封村等办法，对农村生活和农业生产造成了一定影响。江西农业科学院通过党员干部春节回乡调研等方式，结合政府和权威媒体发布的信息，就应对疫情对江西省农业发展影响，提出以下具体建议。

1. 统筹抓好打赢疫情防控战与“三农”领域重点工作

农业稳则天下稳。当前，疫情防控进入关键阶段，需要深入贯彻落实习近平总书记关于“科学防治、精准施策”重要指示精神的具体措施。与此同时，要以2020年中央1号文件精神为根本遵循，统筹推进江西省疫情防控与“三农”领域重点工作，深入落实打赢脱贫攻坚战和补上全面小康“三农”领域突出短板两大重点任务，持续抓好农业稳产保供和农民增收，推进农业高质量发展。当前，尤其需要协调推进疫情防控责任往乡村下沉与春耕备耕、农用生产资料供应、农产品运销、农民工外出谋业、乡村人居环境整治、农村公共卫生体系建设等方面的衔接，高度关注依托产业脱贫已经脱贫的广大农户的生产生活状况以及相关产业当前受到疫情防控的影响，快速采取应对措施。

2. 坚持“科学防治、精准施策”管控“人流”的同时，尊重自然规律、市场规律放松“物流”

服从疫情防控的要求，当前“人流”减少，存量人口大量分散在城市社

* 本文于2020年2月14日获时任省委副书记、省长肯定性批示；于2020年2月15日获时任副省长肯定性批示。

区和广大乡村，出行受到一定的管制。首先，保障城乡居民基本生活资料“物流”的畅通。随着前期采购备足的春节年货基本见底，充分借鉴网格化和数字化管理理念，动态掌握疫情地区居民生活必需品需求账，建立快速汇总和供需联系机制，以战时后勤保障的方式，点对点，精准保障。其次，加快恢复农产品特别是畜禽产品市场运销的正常化“物流”。当前，一批畜禽企业产品滞销，亏损巨大。例如，江西惠大实业有限公司待售肉鸡在60万只以上（截至2020年2月10日已到上市日龄），后期每月陆续有90万只左右出栏，当前共计存栏400万只，另有种鸡存栏36万套，日产蛋22万枚，生产鸡苗18万只，因产品滞销，每天仅鸡苗、种蛋损失在20万以上。再次，有效应对农业生产资料的季节性、周期性“物流”需求。当前正值春耕备耕时期，亟需种子、种苗、农膜、化肥、农药等农资商品供应，对农资“物流”的需求需要加快解决。可以借助电话、微信等渠道，调研各地需求，组织相关企业抓紧生产并统一对接配送。同时，据了解，大部分地区养殖户春节备货已经“弹尽粮绝”，现在面临“一料难求”的困境。这其中存在铁路运输受阻、到港货物无法装卸等物流管控原因。

3. 广泛开展网上在线技术指导和政策宣讲，避免正常的春耕生产受到过度影响

据了解，当前，村民普遍存在恐慌心理，接收的信息杂乱，“听风就是雨”的现象普遍，跟往年相比，多数农民春耕备耕的积极性更低。“人误地一时，地误人一年”，这种情况很有可能影响春耕正常进度乃至2020年全省农业生产。因此，很有必要及时开展网上“专家在线”活动。一方面，组织专家开展“在线政策宣讲”，广泛宣传中央1号文件精神和省委省政府决策部署，提振信心，鼓舞干劲；另一方面，组织专家开展“在线技术指导”，利用网络微信、12316平台、广播电视等渠道，安排产业体系专家、科技特派员，围绕“九大产业发展工程”和广大农民朋友的需求，开展在线技术培训、技术指导。与此同时，组织专家编制《新冠病毒疫情防控期间农业生产应急技术指导手册》，面向全省农民，提供应急指导。

4. 加快科研应急研发，尽早摸清疫情对农业生产和农产品质量安全的潜在影响

一方面，组织省疾控中心、南大一附院、省中医院等医疗机构与畜牧检测检疫机构联合攻关研判新型冠状病毒可能对农业造成的影响。重点加强动物重大疫病及动物源性人畜共患病的监测及研究工作，排查病毒是否通过感染人群粪便、尿液、生活垃圾影响土壤质量和农产品质量安全，避免出现类似非洲猪瘟的传播扩散；另一方面，针对疫情防控期间农产品正常上市交易、流通存在一定程度的制约问题，重点研发蔬菜等农作物熟期调控技术，既缓解上市压力又保供给能力。此外，做好种苗、种禽、种畜繁育应急储备，保障农业生产稳定。

5. 加大主要农产品储备调节力度，预防主要农产品市场价格大起大落

当前，因疫情防控需要，城乡居民的旅游、聚会、聚餐、婚宴等需求暂时全面搁置，处于“休眠”状态。据统计，截至2020年2月4日，江西省农村地区取消娱乐性、赛事性、乡俗性的体育类聚焦性活动和农村庙会、节庆活动等活动21 492次，取消红白喜事、庆典宴席等活动144 818次。一旦疫情得到全面控制，这些需求将会全面“唤醒”，由此引发肉、蛋、奶等农产品需求迅猛增长。因此，需要加大储备调节力度，加快农产品仓储保鲜冷链物流设施建设，防止主要农产品因供不应求而价格暴涨。

6. 缓解禽类养殖企业产品积压滞销压力，保护禽类产品产能

当前，受新冠病毒疫情影响，一批禽类养殖企业“两头受堵”。一方面，到了上市日龄的产品“出不去”，积压滞销严重，亏损大；另一方面，处在生长期的鸡鸭“嗷嗷待哺”，饲料“进不来”，等不起。由于压力过大，已经出现直接掩埋活鸡，尤其是鸡苗和小鸡的现象。因此，需要迅速摸查市场情况，启动禽肉收储，给予企业适当补贴、税收减免以及贷款支持，在生猪生产尚未完全恢复的情况下，防止禽类生产出现大面积萎缩。

7. 预防早稻播种面积大幅下降，稳住农民种粮信心和地方抓粮积极性

近年来，因稻谷最低收购价接连下调，农业效益低下，前两年各地已出现一定程度“双改单”和撂荒现象。据调研，在当前经济下行背景下，若无明显政策利好，农户种粮信心势必低迷。如果不及时采取措施，2020年江西省水稻“双改单”甚至撂荒现象可能较往年更严重。因此，需要完善落实农业补贴政策，推进稻谷完全成本保险和收入试点工作，加大产粮大县奖励力度，保护好农民种粮积极性，调动地方抓粮积极性，让农民种粮与地方抓粮不吃亏，稳定粮食面积和产量，确保江西省粮食生产目标不受影响。

课题组主要成员：

付江凡　江西省农业科学院农业经济与信息研究所所长、研究员

彭柳林　江西省农业科学院农业经济与信息研究所副研究员

池泽新　江西省农业科学院党委书记、教授

余艳锋　江西省农业科学院农业经济与信息研究所副研究员

王长松　江西省农业科学院农业经济与信息研究所助理研究员

余永琦　江西省农业科学院农业经济与信息研究所助理研究员

曹　瑛　江西省农业科学院土壤肥料与资源环境研究所助理研究员

图书在版编目（CIP）数据

新时代江西农业发展智汇：江西农科智库成果选编：2018—2021年 / 池泽新主编. —北京：中国农业出版社，2022.6

ISBN 978-7-109-29465-3

Ⅰ.①新…　Ⅱ.①池…　Ⅲ.①农业发展—江西—2018—2021—文集　Ⅳ.①F327.56-53

中国版本图书馆CIP数据核字（2022）第091797号

中国农业出版社出版

地址：北京市朝阳区麦子店街18号楼

邮编：100125

责任编辑：闫保荣　章　颖

版式设计：杜　然　　责任校对：沙凯霖

印刷：北京中兴印刷有限公司

版次：2022年6月第1版

印次：2022年6月北京第1次印刷

发行：新华书店北京发行所

开本：700mm×1000mm　1/16

印张：14

字数：225千字

定价：68.00元
